THEOCHARIS M. PROVATAKIS

METEORA

GESCHICHTE DER KLÖSTER UND DES MÖNCHTUMS

VERLAG MICHALIS TOUBIS - ATHEN

Nisiza Karela, Koropi, Attika. Tel.: 210 6029974,
Fax: 210 6646856, http://www.toubis.gr

ISBN:960-540-096-0

Hier auf diesen nackten Felsen, die für tausende von Asketen zur Zufluchtsstätte wurden, haben die orthodoxen Mönche gelernt, weise in ihrer Denkensart und demutig in ihrem Willen zu sein.

INHALT

VORWORT

Meteora war nicht nur seit dem 11. Jahrhundert ein Ort des Gebetes, wo Gehorsamkeit geübt, die Willenskraft diszipliniert und der Glaube intensiviert wurde, sondern es war auch ein Anziehungspunkt, der tausende von Besuchern aus aller Welt zu seinem ‚steinernen Wald´ hinzog, welchen er aufzuweisen hat. Die Eigenartigkeit und Großartigkeit dieses Ortes, die Sicherheit und der Frieden, die einem jeden hier widerfahren, der sich hier niederlässt, sowie der Wunsch vieler Menschen, der Welt zu entsagen und sich an diesen Ort der Stille zurückzuziehen, schuf die Klöster von Meteora. Und im Laufe der Zeit wurden sie zu einem mächtigen Anziehungspunkt und zu einer spirituellen Oase, wo viele Reisende auf der Straße des Lebens ihre geistige Erfrischung und ihren inneren Frieden gefunden haben. Auch noch heutzutage sind die Felsen von Meteora nichts weniger als Plätze zur Ausführung von geistigen Übungen und Orte, an denen der Glaube praktiziert wird; die Sünde wird ausgetrieben und die Persönlichkeit verwandelt.

Eine beträchtliche Anzahl von Studien sind über die Klöster von Meteora bereits geschrieben worden. In diesen haben verschiedene Forscher versucht, die historischen Klöster dieses ‚steinernen Waldes‘ darzustellen, wie sie diese aus ihrer Sicht sahen, und welche Erfahrungen sie mit dem orthodoxen Klosterleben gemacht haben. Die folgende Darstellung ist kurz gefaßt und gibt jedem Besucher wichtige Hinweise auf das, was er in der Region von Meteora besichtigen sollte.

Das uneigennützige Ziel ist außerdem, den Besucher in kurzer, aber deutlicher und vollständiger Art und Weise über die Geschichte, Archäologie, Kunst, Gebräuche und Naturschönheiten der Gegend zu informieren, wo der erste und größte Arzt des Altertums, Asklepios, geboren war, wo sich klassische Kultur entwickelte, wo Byzanz verehrt wurde, wo orthodoxes Klosterleben seine endgültigen Formen annahm, und die - letztlich - eine ruhmreiche Rolle beim Aufstand von 1821 spielte.

Insofern ist dieses Buch nicht etwa eine ausschließlich fachlicheMonographie, sondern als ein allgemeiner, illustrierter Reiseführer anzusehen, dem Aussagen von Experten zu Grunde liegen. Besondere Bemühungen wurden hinsichtlich der Beschreibung des orthodoxen Kirchenlebens unternommen, von der Zeit an, als es in der prächtigen Gegend von Thessalien in Erscheinung trat und besonders auf den Felsen von Meteora und deren Umgebung bis zur heutigen Zeit.

Theocharis M. Provatakis

DIE KLÖSTER VON METEORA

Ortsbeschreibung

Obwohl ein idealer Ort für spirituelle Übungen und Meditation, so ist Meteora jedoch nichts anderes als eine Gruppe von hoch aufragenden und steilen Felsen, die von Klöstern, Zufluchtsstätten und einzelnen Zellen bekrönt sind. Seit dem 11. Jahrhundert wurden die verschiedenen Höhlen in Einsiedeleien für orthodoxe Mönche verwandelt. Es liegt in der Nähe von Kalambaka, dort wo der Fluss Pinios in die herrliche Ebene von Thessalien hineinströmt, in etwa 300 Metern Höhe über dem Boden des Talkessels. Die Landschaft ist reizvoll und überwältigend - vielleicht sogar eine der schönsten dieser Erde. Als Naturwunder ist es jedoch einmalig. Tausende oder mehr schwindelerregende Felsen, die aus der Ferne einem steinernen Wald gleichen, erheben sich unerwartet vor dem Auge des Betrachters, rufen ein Gefühl von ‚Furcht und Erstaunen' hervor und veranlassen zu tiefen Gedanken. Diese Formation wie auch die Ebene von Trikala entstand nach Meinung der Wissenschaftler im Tertiär, einem Zeitraum vor mehr als 60 Millionen Jahren. Das Wasser, welches einen geschlossenen See bildete, erkämpfte sich den Durchgang durch die Öffnung von Tempi, von wo aus es in die Ägäis abfloss. Die Gewalt der Wassermassen schuf die charakteristischen Formationen dieser Gegend, die erst sehr viel später besiedelt wurde.

Geschichte

Thessalien wird als die Stätte der ältesten Besiedlung Griechenlands betrachtet, wobei jene von Trikki bis in sehr frühe Zeit zurück verfolgt werden kann. Schon Homer berichtet, dass seine Bewohner am trojanischen Krieg teilnahmen, während Historiker und Geographen (Strabo, Herodot, Livius) genaue Angaben über diese Gegend machen. Hier war es, wo in klassischen Zeiten der berühmte Arzt des Altertums, Asklepios, lebte. Mit seinen Söhnen Machaon und Podalirios gründete er hier das Asklepieion und behandelte seine Patienten. In der hellenistischen Zeit spielte diese Gegend eine wichtige Rolle im Leben und in der Entwicklung Griechenlands. Herrliche Mosaiken, Münzen, Inschriften, Gerätschaften, Sarkophage und kleinere Kunstgegenstände verschiedener Art, die aus römischer Zeit stammen, wurden gefunden. In byzantinischer Zeit trug diese Gegend und vor allem Meteora zum Aufbau eines starken klösterlichen Zentrums bei. Das klösterliche Leben - gemeint ist der Rückzug vom gesellschaftlichen Leben und der freiwillige Aufenthalt in der Einöde - ist im Christentum bis auf die frühesten Jahrhunderte zurückzuführen. Diese Art des Lebens war jedoch gänzlich unbekannt, als Meteora zum ersten Mal mit dem Klosterwesen in Berührung kam. Es ist jedoch bekannt, dass es im 11. Jahrhundert Mönche und Eremiten in dieser Gegend gab. Die Mönche lebten in Höhlen oder kleinen Einsiedeleien und jeden Sonntag (‚Kyriaki' im Griechischen) sowie zu den wichtigsten Feiertagen kamen sie hinunter, um gemeinsam die Messe in Doubiani zu zelebrieren, die dementsprechend ‚Kyriako' genannt wurde. Später, als die Anzahl der Mönche zunahm, wurde der Zufluchtsort Stagi gegründet. Der Name Stagi wird entweder von ‚sitagogos' (Weizentransporteur) abgeleitet, da die thessalische Ebene reich an Weizen war, oder von der Verfälschung des Wortes ‚stous aghious' (der Ort der Heiligen), welches schließlich in ‚stagous' abgewandelt wurde. Im 12. Jahrhundert begann die systematische Organisation des Zufluchtsortes, der unter die Rechtssprechung des Bistums Stagi fiel. Im 14. Jahrhundert gewährten die serbischen Prinzen, welche zu jener Zeit die Herrscher Thessaliens waren, dem Zufluchtsort viele Sonderrechte. Der ‚Protos' (Prior) desselben lebte zu dieser Zeit im Kloster von Doubiani. Es geschah zu dieser Zeit, dass ein Mönch mit Namen Athanasios vom Berg Athos nach Meteora kam und das erste Kloster auf dem Platylithos genannten Felsen gründete. Dieser eindrucksvolle Felsen, der die gesamte Landschaft beherrscht, erhebt sich 613 Meter über dem Meeresspiegel und 413 Meter über Kalambaka. Er nannte den Felsen ‚Meteora' (im Himmel schwebend), da er zwischen Himmel und Erde zu hängen schien; und seitdem ist das gesamte Gebiet als ‚Meteora' bekannt. Nachdem Athanasios eine Kapelle und einige

Die Thessalische Ebene. Stich von 1846.

Einsiedeleien errichtet hatte, sammelte er 14 Mönche der umliegenden Felsen um sich und gründete eine Gemeinschaft; er legte somit den Grundstein für das gesamte klösterliche Leben. Nachfolger des serbischen Prinzen Stephan Dousan, welcher Meteora die zahlreichen Sonderrechte gewährte, war Symeon Ouresis. Er verfolgte die gleiche Politik wie sein Vorgänger. Erst später, als sein Sohn Johannes Ouresis Mönch wurde und sich in Meteora niederließ, änderte sich die Situation. Er, der inzwischen den Namen loasaph angenommen hatte, war ein Freund von Athanasios, und auf diese beiden war der hohe Entwicklungsstand des Klosters zurückzuführen. Die Kirche wurde mit herrlichen Wandgemälden versehen, und das Kloster bekam Türme, ein Hospital, Einsiedeleien, Wassertanks und andere Gebäude. Die Anzahl der Mönche nahm zu, und es musste wegen der ständig wachsenden Gemeinde auch die Hauptkirche vergrössert werden, die man „Katholikon" nannte. In die neue Kirche, die bedeutend größer war, ging die alte als Hochaltar ein. Athanasios und loasaph wurden von der orthodoxen Kirche wegen der von ihnen vollbrachten Wunder und ihrer spirituellen Lebensweise heilig gesprochen. Und so wurde Meteora zum Zentrum für Klosterwesen und orthodoxe Religion in der herrlichen Ebene von Thessalien.

Zur gleichen Zeit trug sich ein anderer Mönch, Varlaam, mit der Idee, ein weiteres grosses Kloster auf dem gegenüber liegenden Felsen zu errichten. Dieses wurde etwa 200 Jahre später von den Brüdern Nektarios und Theophanis aus Ioannina fertig gestellt. Während der folgenden Jahrhunderte wuchs die Zahl der Mönche, was zur Folge hatte, dass eine große Anzahl von Klöstern erbaut wurde. Im Jahre 1490 wurde die Stellung des Protos für den Zufluchtsort abgeschafft und alle Zufluchtsstätten, Klöster und Einsiedeleien kamen unter die Oberhoheit des Klosters Metamorfosis, welches das bedeutendste war.

Im 17. Jahrhundert begann unglücklicherweise der Verfall des Klosterwesens in Meteora, dies hatte die Verminderung von Klöstern und Mönchen zur Folge. Heute werden sechs (6) Klöster von Mönchen bewohnt und können von Pilgern besucht werden - in angemessener Kleidung. Es sind die Klöster: Metamorfosis, Varlaam, Agia Triada, Agios Stephanos der Märtyrer, Agios Nikolaos Anapafsas und Rousanou. Abgesehen von den vorgenannten Klöstern, die noch heute bewohnt sind, sind die Ruinen anderer Klöster zu besichtigen, in denen früher zahllose Mönche lebten. Unbewohnt und mehr oder weniger verfallen sind heute die folgenden Klöster Meteoras:

1. Das Kloster Agios Georgios Mandilas, 2. das Kloster Agios Nikolaos Bandovas oder Kofinas, 3. das Kloster Agion Pnevma (des Heiligen Geistes), 4. das Kloster Ypapanti, 5. das Kloster Paläopanagia, 6. die Zufluchtsstätte von Doubiani. 7. das Kloster Agii Apostoli, 8. das Kloster Agios Georgios, 9. das Kloster Agios Antonios, 10. das Kloster Pantokrator, 11. das Kloster Agios Ioannis Prodromos, 12. das Kloster Ipsilotera oder Kalligraphen, 13. das Kloster Agios Modestos, 14. das Kloster Proskinisi tis aliseos tou Agiou Petrou und 15. das Kloster Agios Dimitrios.

DER WEG NACH METEORA

Das malerische Kastraki hinter uns lassend folgen wir der bergauf führenden Strasse, um die Gipfel der Felsen zu erreichen, auf denen die Klöster liegen. Die Straße gleicht einer riesigen Schlange, die sich durch Schluchten windet; sie führt über einige wenige kultivierte Hügel, umrundet steile gelbgrüne Felsen und erreicht schließlich Meteora. Wer zu Fuß oder im Auto hier heraufkommt, wird von den Düften der Berge in den verschiedenen Jahreszeiten angenehm überrascht. Um uns herum nichts als Ruhe und Frieden, während ein leichter Wind unsere Gedanken begleitet. Rechts und links machen wilde und hoch aufgetürmte Felsen ihre Gegenwart spürbar. Alte, halb verfallene Holzleitern ragen aus den wenigen vielfarbigen Felsspalten hervor und zeugen von der Anwesenheit der Asketen in früheren Zeiten. Es wird behauptet, dass sich in einer dieser Höhlen, die sich, wenn man die Straße heraufkommt, auf einem Felsen zur Rechten befindet, dort wo noch immer die Holzleitern herunterhängen, Asketen monatelang aufhielten ohne herabzusteigen. Dies war als eine Art Strafe gedacht, für Ungehorsam oder dafür, dass sie ihren Gedanken erlaubten, in das weltliche Leben zurückzukehren.

Diese Wanderung von Kastraki zu den Klöstern ist eine reine Erbauung. Sie dauert etwa zwei Stunden und versetzt den Wanderer in das Land der Träume. Die verschiedenen Nuancen der grünen Landschaft gehen in die idyllischen Linien der Felsen über, die sich dann zu eigenartigen roten Formationen entwickeln. Die Schönheit der Natur, deren man sich hier erfreut, ist eine Mischung aus sanften südlichen und wilden nördlichen Linien, welche das Gefühl von überschwenglicher Begeisterung hervorrufen.

Hauptstraße
Asphaltierte Straße
Straße
Weg
Kirche
Kloster
Kloster (Ruinen)
Campingplatz
Busstation
Parkplatz
Eisenbahn
Krankenhaus
Brunnen
Treppe
Friedhof
Hotel
Postamt
Telefon
Geschäft mit Ikonen
VARLAAM
595
W.C
DRAKOSPILIA
KELARAKIA
PLAKES
ROUSSANOU
ALEOKRANIES
KOUMARIES
PSAROPETRA
PANORAMA
KASTANES
SFICA
AGIA TRIAS
MODI
AGIA TRIAS
570
620
ALISSOS
SOPOTOS
CHURCH OF THE
DORMITION OF THE VIRGIN
AGIOS STEFANOS
575
MANDRIA
POULIANA
ABAKA
TRIKALON
ICONS SHOP
ABELIA
MIRAI
CAMPING
KALAMBAKA
INTERNATIONAL
CAMPING RIZOS
1 KM
METEORA
TRIKALA
ICONS WORKSHOP

Die Klöster

Nach diesem bezaubernden Anstieg erreicht man die einsamen Höhen, von denen man einen wahrhaften Wald riesiger Felsen erblickt, die von Klöstern bekrönt sind und die sich mit geheimnisvoller Harmonie in die Landschaft einfügen. Die Mönche sind jeder Zeit bereit, den Besucher zu empfangen und bieten ihm ihre Gastfreundschaft, so wie es das Vorbild des Abraham und die griechische Tradition verlangen. Hier oben sind Einsamkeit und Ruhe höchstes Gebot. Wohin immer das Auge wandert, wird man des unvergleichlichen Friedens und der Ruhe gewahr, beinahe wie bei der Betrachtung eines sternübersäten Himmels im Herbst, der nahezu jeden mit sprachloser Begeisterung erfüllt. Hier, auf diesen nackten und ungastlichen Felsen, die für tausende von Asketen zur Zufluchtsstätte wurden, haben die orthodoxen Mönche gelernt, weise in ihrer Denkensart und demütig in ihrem Willen zu sein. In ihnen lebt eine andere Welt, frei von Gewalttätigkeit der Elemente und zeitlicher Begrenzung, aus welcher jeder Mönch die Kräfte schöpft, den Elementen der Natur zu widerstehen und die Schöpfung zu lobpreisen, in deren gewaltsamen Veränderungen er oftmals Gefahr läuft sich zu verlieren.

Das Kloster Agios Nikolaos Anapafsas. Kupferstich aus dem Jahr 1846.

Die Kirchen

Sobald man sich in den dunklen Kirchen der Klöster befindet, wird man von einem Gefühl überfallen, das eine Mischung aus Glauben und Verehrung ist. Die Heiligkeit dieses Ortes mit seinen holzgeschnitzten und vergoldeten Altarwänden, seinen wundervollen Ikonen, dem Zyklus des Lebens Christi, seinem Reichtum an Wandgemälden, die dem dogmatischen, historischen und liturgischen Zyklus der orthodoxen Kirche nachempfunden sind, schaffen eine Atmosphäre von tiefgründigem Glauben an den Schöpfer. Alles zeichnet sich hier durch besondere Reinlichkeit und Ehrerbietung aus. Die asketischen Gestalten, die an den Wänden und auf der Holztäfelung porträtiert sind, scheinen im Spiel des flackernden Kerzenlichtes und dem Schein der wenigen Lampen zum Leben zu erwachen. Eine Atmosphäre von göttlichen Geboten überall. Ungewollt flüstert man Worte des Gebets und konzentriert seine Gedanken auf den Schöpfer. Man hat das Gefühl mit ihm zu reden, man hat die Erde verlassen und ist in Gedanken im Paradies. Das trübe Licht, das von dem Oberlicht des Domes und den wenigen Fenstern hereinfällt, ist die mysteriöse Verbindung zwischen Himmel und Erde. Hier glaubt man, sich an einem himmlischen Ort zu befinden und spürt die geheimnisvollen Kräfte, die in der Seele wirken, mit dem Ergebnis, dass die Schranke, welche den menschlichen Geist von der Natur trennt, aufgehoben wird. Die Seele ist erfüllt von Ehrfurcht und Liebe als einem Ausdruck der Erfahrung von der Unerreichbarkeit. Man wird sich einer innerlichen Erleuchtung und einer friedenspendenden Freude bewusst, die nur schwer zu beschreiben ist. Gott ist dir nahe, er ist in dir und du stehst in geheimnisvoller Verbindung zu ihm. Es ist ein Augenblick, in dem du dich selbst findest.

Die Sakristeien

Nach dem Besuch der Klosterkirchen von Meteora werden die Mönche zur Besichtigung der Sakristeien und Bibliotheken einladen. An den Wänden oder in Schaukästen ausgestellt kann man kleine Kunstwerke und Malereien bewundern, zu deren Vollendung äußerste Geduld und Ausdauer benötigt wurden. Auf Pergament niedergeschriebene Evangelien und zahlreiche Manuskripte von historischer und liturgischer Bedeutung, tragbare Ikonen, Werke geschickter Hände und starker Vorstellungskraft, Bekleidung, goldbestickte Gewänder mit überaus reichen Verzierungen, versilberte und vergoldete Schatullen, eine Auswahl prächtiger Kreuze aus Gold, Emaille oder Silber, mit kostbaren Steinen und Perlen besetzt, und hunderte von liturgischen und kirchlichen Gegenständen sind hier erhalten und werden dem Besucher mit Ehrfurcht gezeigt.

Holzgeschnitztes Kreuz mit Goldmosaik.

Die Bibliotheken

In den Bibliotheken bewahren die Mönche wertvolle Manuskripte und hunderte von Dokumenten auf. Der größte Teil der auf Pergament geschriebenen Codices behandelt verschiedene religiöse, geschichtliche, medizinische, philosophische und mathematische Themen. Selbverständlich gibt

Manuskript eines Evangeliums. Kloster Megalo Meteoro (17. Jh.).

es auch auf Papier geschriebene Handschriften, die aus dem 14. Jahrhundert stammen. Einige dieser Codices enthalten bemerkenswerte Miniaturen und befinden sich in ausgezeichnetem Zustand. Es gibt darüber hinaus Verordnungen der Patriarchen von Konstantinopel, goldene und zinnerne Bullen, Siegel usw., welche die großzügige Wohltätigkeit der Kaiser und Patriarchen der vergangenen Jahrhunderte bezeugen.

Nur der unbezwingbare Wille der Mönche, das zu bewahren und zu überliefern, was sie von ihren Vorgängern erhielten, ihre Voraussicht und Klugheit in schweren Zeiten und vor allem ihre Selbstaufopferung machten es möglich diese Dinge zu bewahren, welche einen unschätzbaren Wert als nationale Dokumente besitzen.

Während eingehender Studien, die erst vor kurzer Zeit in den Klöstern von Meteora durchgeführt wurden, wurden von N. Veis 1124 Codices registriert und klassifiziert, die sich wie folgt auf die Klöster veteilen: Kloster Megalo Meteoro 610, Kloster Varlaam 269, Kloster Agios Stephanos 103, Kloster Agia Triada 4, Kloster Rousanou 52 und Kloster Agios Nikolaos Anapafsas 43.

Die äußerste Demut (14. Jh.).

Die Aussicht von den Terrassen Meteoras

Wenn man auf der Höhe der gewaltigen, dunklen Felsen steht, wo sich die Terrassen der Meteora-Klöster befinden, und das Auge über die friedliche Ebene von Thessalien schweifen lässt, schlägt das Herz einen anderen Takt. Es erscheint einem, als ob diese gewaltigen Felsenformationen - die sich rund herum erheben - sich auf eine mächtige Schlacht vorbereiten, in welcher jede ihrer Bewegungen einen kosmische Aufruhr in der thessalischen Ebene hervorrufen wird, die sich in all ihrer Fruchtbarkeit dort unten ausbreitet. Der hinreißende Anblick der Felsen mit dem grünen Teppich zu ihren Füßen ruft das Gefühl der Verwunderung und der Ehrfurcht hervor, so wie man dort oben die Hilflosigkeit gegenüber den Wundern des Schöpfers spürt. Und gleichzeitig hat man das Gefühl von Vollendung und Schönheit. Ihre Schönheit kann man nur durch folgende Worte ausdrücken: Ihr Umfang und ihre Form bilden eine vollständige Harmonie. Ihre Schönheit ist statisch. Was der Parthenon für die Kunst bedeutet, das bedeutet die stille Ebene Thessaliens, wie sie in der Umarmung des Flusses Pinios vor uns liegt, für die Natur. Das Gefühl der Vollendung überkommt einen beim Anblick dieser stolzen Felsen, auf deren Gipfel man sich befindet und wo man sich zwischen Himmel und Erde zu befinden glaubt. Während man über die grüne Ebene schaut, wird man sich der idealen Ausgewogenheit bewusst und eine olympische Ruhe überkommt einen beim Anblick dieser wundervollen Schöpfung. Angesichts der mächtigen Felsen, die sich ringsum erheben, verspürt man eine geistige Erhabenheit und Ausstrahlung.

Gleichzeitig schafft der Sinn für Vollendung in jedem Mönch und jedem Besucher eine große Anspannung der Gefühle, die unbedingt einen Ausdruck suchen. Er besteht aus starken Emotionen, welche einen tiefen spirituellen Sinn für das geheimnisvolle Leben und den Frieden von Meteora haben. Aus diesem Grund spricht die Schönheit die Sinne und den Verstand an, während die Vollendung zu den Gefühlen und der Seele spricht.

Auf den Terrassen von Agios Stephanos und des Megalo Meteoro

Die Aussicht von den Klöstern Agios Stephanos und Megalo Meteoro ist unbeschreiblich. Wer dort innehält und tief hinunter blickt, wird einen inneren Frieden verspüren, der jeden in höhere Sphären führt. Nur schwerlich kann man den Umfang der Aussicht erfassen, die unvergleichlich ist in ihrer Erhabenheit. Und es ist vielleicht die schönste Belohnung für den beschwerlichen Anstieg.

Das malerische Kastraki liegt einem zu Füßen, das historische Kalambaka vor einem und die grüne und friedliche Ebene Thessaliens umgibt den Betrachter. Etwas weiter entfernt der Fluss Pinios, der seit vielen Jahrhunderten träge dahin fließt, schafft ein Landschaftsbild, das einmalig ist in seiner Schönheit und seiner Anmut.

Alles hier oben bekundet Erhabenheit und fügt sich zu einer eindrucksvollen Harmonie zusammen. Das Grün der Ebene in seiner Pracht wirkt beruhigend, die Stille läutert die Seele, das Eindrucksvolle dieses Ortes ist überraschend, die Unberührtheit ist eine Wohltat und bringt uns dem Schöpfer näher. Unsere Seele, zerbrochen an Widersprüchen und Unsicherheit und erschöpft von dem ständigen Kampf, sich das Unerfüllbare zu erfüllen, sehnt sich nach dem Unbekannten, den Gefühlen, die hier einen rettenden Ausgleich schaffen.

Der Blick zum Himmel

Wenn man den Blick zum Himmel erhebt, überkommt einen ein eigenartiges Gefühl - ein Gefühl, welches die sphärische Grenze des Horizontes, der den stummen, stolzen Dom des Firmaments trägt, noch intensiviert. Die eigene Seele erhebt sich langsam zu diesem himmlischen Dom und passt sich der Grenzenlosigkeit der stillen Ebene an, während sich vielfältige Gefühle in das Herz drängen. Der Gegensatz von Ehrfurcht und Verwunderung bringt ein Gefühl der Begeisterung zum Ausdruck und verwandelt sich in „Schrecken und Erstaunen", wie bei einem plötzlich ausbrechenden Sturm. Der Himmel verdüstert sich ganz unerwartet und ein unaufhörlicher Regen beginnt herniederzuströmen. Um dich herum erhebt sich ein Sturm und schlägt unbarmherzig auf die riesigen, regennassen Felsen, während Blitze in Zacken den Himmel erhellen. Der wolkenbruchartige Regen und die starken Stürme sowie die massigen Felsen, die dich umgeben, schaffen in dir eine geheimnisvolle Symphonie und bewirken unfreiwillig das Erwachen deines Unterbewusstseins, und alles unter dem Gesetz der Stille. Diese innerliche Stille, wie sehr du auch versuchen magst, ihre Stimme im Lärm des Regens, des Sturmes und des Donners zu ersticken, beginnt zu dir auf tausend verschiedene Arten zu sprechen. Und dann stellst du fest, dass Regen, der gegen die Felsen prasselt, kleine Wasserfälle bildet, die reißend an den Felsen und ihren Ausläufern herabstürzen. Diese Wassermassen vereinigen sich zu gefährlichen kleinen Sturzbächen und suchen ihren Weg hinunter zum Fluss Pinios. In diesem Moment verspürst du eine Erregung unter dem Einfluss der Symphonie, geschaffen durch die Verbindung von Regen, Gewitter und Sturm. Du erschauerst bis ins Innerste deiner Seele, wenn der Donner die grünen und aschfarbenen Felsen schüttelt, und der Blitz sie bis zu ihren Ausläufern erleuchtet. Du verspürst einen geistige Aufruhr, wenn du diesen Tumult des Firmaments erlebst, bei dem der Schöpfer Regie führt. Es überkommt dich ein Gefühl der Verwirrung, denn weder kannst du auf den Kampf der Elemente Einfluss nehmen, noch kannst du ihn mit deinem Verstand erfassen. Du verspürst das Bedürfnis, unten in der Ebene einen Einfluss auf das Geschehen zu nehmen, so wie beim Anhören des dramatischen Höhepunktes einer musikalischen Symphonie. Und dann, sicher vor den Naturgewalten und ohne die Trompetenstöße des Schreckens und der Furcht des Blitzes, verspürst du eine geistige Macht der Überlegenheit in dir aufsteigen, die sich dann in Freude und Begeisterung verwandelt.

Koziakas und Meteora

In der Ferne, den Klöstern von Meteora zugewandt, erhebt sich der Koziakas, der Gegenstand vieler Lieder ist. Seine hohen, scharfen Felsen und unzähligen Gipfel scheinen manchmal die Wolken zu durchbohren und zu anderen Zeiten den klar blauen griechischen Himmel aufzureißen. Die blendend weißen Dörfer zu Füßen des Koziakas sowie jene, die vor dem Nordwind geschützt in der Ebene liegen, vervollständigen die Schönheit dieses Landstriches. Blickt man rings umher über den Wald der grünen und aschfarbenen Steinmassen, auf deren Gipfeln die Klöster nisten, mit ihren Dächern und Dachrinnen, mit hölzernen in der Luft hängenden Galerien und Balkonen, welche sich um die Abteien herumziehen, so weiß man nicht, was man zuerst bewundern soll. Man ist überrascht von der Größe und Erhabenheit; es ist ein unvergeßlicher Anblick.

DIE ORGANISATION DES KLOSTERWESENS VON METEORA

Den Namen Meteora kannte man in alten Zeiten noch nicht. Er wurde erstmals von dem Abt des Klosters Metamorfosis angewandt, dem Ehrwürdigen Athanasios von Meteora, welcher 1344 den ‚Platys Lithos' (breiter Felsen) ‚Meteora' nannte. Dieser Name wurde etwas später allgemein übernommen und bezeichnet den oder die Felsen und dementsprechend das gesamte heutige Meteora.

Wann Meteora zum ersten Male von Mönchen bewohnt wurde, ist unbekannt. Die historischen Dokumente und andere Aussagen berichten, dass beginnend im 9. Jahrhundert hier klösterliche Zufluchtstätten gegründet wurden. Die Mönche hatten anfänglich kleine Stätten zum Gebet eingerichtet- genannt ‚prosefchadia' - und gingen jeden Sonntag zur ‚Kyriako', einer gewöhnlichen Kirche, um die Heilige Messe zu zelebrieren. Auf diese Weise etablierte sich das asketische Klosterwesen in Meteora. Weitere Informationen nennen als ersten Asketen einen gewissen Varnavas, der zwischen 950 und 965 das kleine Kloster Agion Pnevma (Heilig Geist) gründete. Etwas später - um 1020 n. Chr., so die Überlieferungen - errichtete der Mönch Andronikos von Kreta eine Einsiedelei auf dem Felsen, auf dem heute das Kloster Metamorfosis steht. Andere Mönche gründeten um 1160 die Zufluchtsstätte von Stagi, die sie Doubiani nannten. Etwa 200 Jahre später gründete der Mönch Varlaam die Klöster Trion Ierarchon und Agion Panton, während zur gleichen Zeit andere Mönche weitere Klöster einrichteten und in ihnen lebten.

Mit der Zeit wuchs die klösterliche Gemeinde, die Anzahl der Mönche nahm zu. Sie erhielten verschiedene Spenden und Sonderrechte durch die jeweiligen Herrscher, Prinzen und Patriarchen der verschieden Epochen. Das Klosterwesen von Meteora erreichte im 17. Jahrhundert den Gipfel seiner Entwicklung, während heute nur noch sechs dieser Klöster bewirtschaftet werden und die wenigen verbliebenen Mönche hart ums Überleben und für Erneuerungen kämpfen müssen.

Das Ziel der Mönche

Nimmt sich der Besucher die Zeit, sich mit den Mönchen zu unterhalten, so kann er große Wahrheiten erfahren. Die Gebete, das Fasten, die Nachtwachen, die Wohltätigkeit und die anderen christlichen Tugenden sind nicht das ausschließliche Ziel des orthodoxen Christenlebens. Sie sind nur notwendige Leistungen, wie uns ein Mönch in Meteora erklärte, die im Namen Christi ausgeführt werden, um die Erlangung des eigentlichen Ziels zu gewährleisten. Das wahre Ziel des orthodoxen Christenlebens ist das Erlangen des Heiligen Geistes. Und der Mönch strebt ständig danach. Er lebt im stetigen Bestreben, Gott näher zu kommen. St. Johannes Klimakos (7. Jahrhundert) sagte treffend: ‚Ein Mönch ist eine ständige Verletzung der Natur und ein Wächter über die Sinnesfunktionen!" Wenn, fährt der Mönch fort, das Herz eines Mönches ‚inbrünstig' ist, muss der Verstand teilnahmslos bleiben, denn der Verstand wacht über das Herz. Gleichzeitig ist das Herz nach der orthodoxen Lehre das Zentrum des menschlichen Lebens und die Quelle der aktiven Kräfte für den Verstand und die Willenskraft. Es ist der Punkt, dem das gesamte geistige Leben entspringt und zu dem es strebt. Das Herz ist, nach Aussagen des Makarios von Ägypten, die ‚Heimstatt alles Guten und Bösen'. Es enthält jede Art von Falsch, gleichzeitig aber kann man sagen ‚Hier ist Gott, die Engel, das Leben und das Königreich, das Licht und die Apostel, hier ist die Schatzkammer der Gnade.

Die Buße der Mönche

Für den Mönch ist die Buße nicht etwa ein vorübergehender oder zeitweiliger Zustand, sondern eine andauernde Bedingung, wie uns ein Mönch in Meteora erklärte. Es ist eine Art Wiedergeburt, wie sie Gott nach der Taufe gibt, gleichsam eine Rückkehr zum Vater. Je öfter der Mönch mit Gott vereint ist, desto deutlicher wird er sich seiner Unkenntnis bewusst; je mehr er sich vervollkommnet, desto klarer erkennt er seine Schwächen. Das Ergebnis der Reue sind Buße und Tränen. Zur gleichen Zeit ist es der Beginn des ewigen Lebens. Tränen reinigen die Seele, denn die Reue ist nicht nur eine Folge unserer Not, sondern die erleuchtende Gabe des Heiligen Geistes, der in unser Herz eindringt und es umgestaltet. Das Gebet des Mönches ist die entscheidende Kraft in all seinen Anstrengungen im geistigen Leben. Denn Einigung mit Gott kann nur durch das Gebet erreicht werden, da das Gebet eine persönliche Beziehung zwischen Mensch und Gott ist; und nur durch dieses kann der Mensch ihn persönlich erreichen, wie Isaak der Syrer darlegte. Nur durch das Gebet kann der Mensch Seine Bekanntschaft machen und Ihn lieben lernen. Wissen und Liebe sind im orthodoxen Klosterwesen eng miteinander verwandt.

Das Gebet der Mönche

Es ist eine Tatsache, dass der Mönch in einer dunklen Nische des Vestibüls unaufhörlich betet, während er dem langen Gottesdienst beiwohnt. Seine einzige Waffe und Gesellschaft sind sein Rosenkranz und die endlosen Gebete. Die Umgebung ist eindrucksvoll. Die stille Wiederholung der Psalmen leitet ihn. Die vergoldete Wandtäfelung, das schwere Silber der ‚ewigen' Lampen, die eindrucksvollen tragbaren Ikonen und die an den Wänden dargestellten Heiligen schimmern im flackernden Licht der Kerzen. Der Vorsänger in seinem eindrucksvollen Gewand, das an dorische Schlichtheit erinnert, ist die einzige Gestalt, die sich zwischen den Gleichgesinnten und den Schatten der weihevollen Dämmerung bewegt. Er schreitet lautlos von einem Kantor zum anderen und dirigiert den Gesang. Die Kantoren ihrerseits singen andächtig und mit Hingabe. Dieser Brauch wird seit mehr als achthundert Jahren befolgt und ist ein Bestandteil des religiösen Lebens der Mönche. Die Liturgie ist Ausdruck des Bemühens um die Reinigung und die Läuterung. Durch das ständige liturgische Leben hebt sich der Mönch aus dem Weltlichen hervor, lässt jeden Kontakt zu den geschaffenen Dingen zurück und wird eins mit der Ausstrahlung der Gottheit. So erklärt es Dionysios Areopagitas. Ein jeder von ihnen, entsprechend dem Grad seiner geistigen Entwicklung, überwindet so die Dunkelheit des Todes, die Furcht vor dem göttlichen Gericht und den Qualen der Hölle und richtet seinen Blick ausschließlich in Richtung des ‚Herren, der da kommen wird in all seiner Pracht'.

Der orthodoxe Mönch betrachtet stets und ständig den Herren und das Opfer des Kreuzestodes als Zeichen grenzenloser Liebe zur Menschheit. Aus diesem Grunde beginnt er jedes seiner Gebete mit Bitten, die aber nur Vorbereitungen auf das echte ‚geistige Gebet' sind. Es ist, so würden wir sagen, eine ständige Wanderung in Richtung Gottes, ein Versuch ihn zu erreichen, ein geistiges Suchen. Langsam, durch die Konzentration und Besinnung der Seele, lassen die Bitten nach; denn sie erscheinen sinnlos, da Gott die Gebete beantwortet, indem er seine Fürsorge beweist. Längst hat der Mönch seine Bitten eingestellt, da er dem Willen Gottes völlig vertraut. Dieser Zustand wird als ‚reines Gebet' bezeichnet. Diese Zusammenarbeit von Wunsch und Verlangen setzt sich über sämtliche Stufen des Aufstiegs des Mönches zu Gott fort. Schließlich wird der Punkt erreicht, wo der Mönch die natürliche Sphäre ver-

lässt und nur noch der Geist tätig ist, alle Bewegungen stehen still und das Gebet hört auf. Dies ist der vollkommene Friede, unvergleichliche Ruhe. Dies ist das Frohlocken des Geistes, der seinen Frieden gefunden hat. Dieser Zustand wird „Verzückung“ genannt, da die Seele des Mönches den ‚Körper verlassen‘ hat und er sich nicht mehr bewusst ist, ob er sich in diesem Leben oder in dem zukünftigen befindet. Er gehört sich nicht

mehr selbst, sondern Gott; er wird nicht mehr von seinem eigenen Willen gelenkt, sondern vom Heiligen Geist.

Um diesen Zustand zu erreichen, muss das Gebet fortwährend und ununterbrochen sein, wie das Atmen oder das Schlagen des Herzens. Dies ist die Art des Gebetes, dem sich die Mönche von Meteora ebenso wie alle orthodoxen Mönche verschrieben haben.

ΜΡ ΘΥ
ΙΣ ΧΣ
Χ. ΤΟΥ ΧΑΛΙΚΙ
Χ. ΜΠΛΑΧΑΒΑ
Χ. ΜΑΛΑΚΑΣΙ
ΤΟΥ ΧΑΝΙ
+ ΙΧΝΟΓΡΑΦΙΑ ΤΗΣ ΙΕΡΑΣ ΒΑΣΙΛΙΚΗΣ ΚΑΙ ΣΕΒΑΣΜΙΑΣ ΜΟΝΗΣ ΤΟΥ ΜΕΤΕΩΡΟΥ ΤΗΣ ΕΠ' ΟΝΟΜΑΤΙ ΤΙΜΩΜΕΝΗΣ ΤΗΣ ... ΜΕΤΑΜΟΡΦΩΣΕΩΣ ...
ΔΙΑ ΧΕΙΡΟΣ ... ΕΝ ΜΟΝΑΧΟΙΣ ΕΛΑΧΙΣΤΟΥ ... ΕΞ ΕΛΑΣΣΩΝΟΣ, ΕΠΙΜΕΛΕΙΑΣ ΔΕ ΚΑΙ ΣΥΝΔΡΟΜΗΣ ...
... ΕΚ ΧΩΡΑΣ ΧΑΛΙΚΙ ΤΗΣ ΑΥΤΗΣ ΕΠΑΡΧΙΑΣ ... ΕΙΣ ΜΝΗΜΟΣΥΝΟΝ ΑΥΤΟΥ ΚΑΙ ΤΩΝ ΓΟΝΕΩΝ, ...

Μ. ΤΟΥ ΜΕΤΕΩΡΟΝ
ΟΙ ΚΤΙΤΟΡΕC ΤΟΥ ΜΕΤΕΩΡΟΥ ΑΘΑΝΑCΙΟC Κ. ΙΩΑCΑΦ
ΚΑΙ CΚΕΥΟΦΥΛΑΚΟC ΤΗC ΑΥΤΗC ΜΟΝΗC ΚΥΡ ΔΑΝΙΗΛ,
ΚΑΤΑ ΜΗΝΑ ΙΟΥΝΙΟΝ 21

Die Besucher und die Mönche

Der Besuch der Klöster von Meteora sollte eigentlich zu einem Vergleich veranlassen. Besucher sind jedoch meist von der äußeren Schönheit, von den Freuden der Natur beherrscht, so dass sie sich kaum bemühen, etwas vom Geheimnis in der Seele dieser Mönche zu erfahren. Diese Asketen, die abgeschlossen von der Welt leben, finden die Wahrheit nur in dieser Einsamkeit. Die Besucher bewundern nur die Naturschönheiten; ohne sich von dem Leben der Mönche in irgendeiner Art anregen zu lassen, verbleibt ihnen nur die einfache Freude des Verstandes. Und so kehren sie in die Welt zurück, ohne etwas über die Lebensweise der Mönche in Erfahrung gebracht zu haben.

DAS KLOSTER METAMORFOSIS MEGALO METEORO

Der Felsen, auf dem sich das Kloster Metamorfosis befindet, liegt am westlichen Ende des 'steinernen Waldes' und ist der größte in der Gegend. Er erhebt sich 613 Meter über dem Meeresspiegel und 415 Meter über dem Flussbett des Flusses Pinios, die Fläche, die das Kloster einnimmt, beträgt 50.000 m^2. Die Höhe des Felsens ist auf der Anfahrtsseite 250 m, während 115 Stufen von unterschiedlicher Tiefe zum Eingang des Klosters führen, das als Megalo Meteoro bekannt ist. Die herabhängenden Strickleitern werden heutzutage nicht mehr benutzt, und die Netze, welche über speziell konstruierte Winden eingeholt wurden, werden heute ausschließlich zur Beförderung von Waren benutzt, gelegentlich auch zur Beförderung eines besuchenden Mönches. Beim Erklimmen der Treppen sehen wir linkerhand die Einsiedelei des Gründers des Kloster Agios Athanasios. Ein kleines, einfaches Gebäude, völlig vom Felsen bedeckt. Bis zum Jahre 1923 geschah der Aufstieg ausschließlich über die Strickleiter oder mit dem Netz. Später erst wurden die dunklen Passagen und Stufen in den Felsen gehauen, und heute erreicht der Besucher das Kloster auf einfache Weise. Als allererstes Gebäude sehen wir den Turm mit der Winde, die Bäckerei und verschiedene Zellen.

Das Katholikon

Das prächtigste Gebäude ist die Hauptkirche, die als ‚Katholikon' bezeichnet wird und der Transfiguration Christi geweiht ist. Groß und eindrucksvoll steht sie inmitten des Gebäudekomplexes, 42 Meter lang und 24 Meter hoch. Es ist eine kreuzschiffige Kirche mit zwölfseitiger Kuppel, die auf einer Rotunde ruht. Das Katholikon ist in Vorhalle, Vestibül, Kirchenschiff und Sakristei unterteilt und ist ein ausgezeichnetes Beispiel für byzantinische Architektur der zweiten und dritten Periode.

Die Sakristei, welche früher das ursprüngliche Katholikon des Klosters war, ist eine kleine kreuzschiffige Kirche, deren Vestibül dem Bau der neuen Kirche geopfert werden musste. Sie war 10 Meter lang und von dem Gründer des Klosters Agios Athanasios vor 1382 erbaut. Später (1388) wurden durch Ioasaph Anbauten veranlaßt und 1484 mit Wandmalereien dekoriert. Eine Inschrift an der Ostwand der Sakristei, über dem Wasserbecken, dort wo sich früher eine Tür befand, besagt:

DIESE GEWEIHTE UND HEILIGE KIRCHE UNSERES HERRN UND GOTTES JESU CHRISTI WURDE ERBAUT UND VERGRÖSSERT DURCH DIE ARBEIT UND AUF KOSTEN UNSERER GESEGNETEN ORDENSBRÜDER ATHANASIOS UND IOASAPH, IM JAHRE 1388. DEN GRÜNDERN WURDE GEDACHT DURCH DIE BEMÜHUNGEN UND ARBEITEN EINES JEDEN DER ORDENSBRÜDER AM 9. NOVEMBER DES JAHRES 1484.

Das Kloster Metamorfosis (Megalo Meteoro

Das Kloster Metamorfosis. Zeichnung von B. Barskij, 1745

Das Hauptschiff ist gut erleuchtet und mit Gemälden bedeckt. Aus anderen Inschriften und Quellen geht hervor, dass es 1552 erbaut und dekoriert wurde, zur Zeit des besonders aktiven Abts Symeon.

Die Täfelung der Altarwand des Katholikon ist eine außerordentlich prächtige Arbeit, holzgeschnitzt und vergoldet. Sie wurde 1791 gefertigt und stellt Tier- und Pflanzenmotive dar. Unter dem Kreuz, welches den Wandschirm überragt, und über dem Schönen Tor befindet sich folgende Inschrift:

ZUR ZEIT DES ABTES PARTHENIOS GEFERTIGT DURCH DIE HÄNDE VON KONSTANTINOS ANATOPITIS UND KOSTAS MESSOVITIS AM. 6. AUGUST 1791.

Unterhalb dieser Inschrift und rund um das Schöne Tor besagt eine weitere Inschrift, dass im Jahre 1635 die Mönche des Klosters für die Errichtung des Schönen Tores gespendet hatten und dass der Name des Handwerkers loannis war. Wieder andere Inschriften auf der Altarwand erwähnen den Erzpriester Paisios und den Abt Parthenios, zu deren Zeit die Altarwand gefertigt wurde. Die Ikonen an der Wand zeugen von prächtiger Handwerkskunst und sind mit Eitempera gemalt. Die berühmte Methode unter Verwendung von Ruß wurde bei einigen von ihnen angewendet. Der hölzerne Thron des Bischofs wurde 1617 angefertigt und ist mit Darstellungen aus dem Pflanzenreich geschmückt. Die Einlegearbeit ist aus Perlmutt und Elfenbein.

Außerdem sind zwei hölzerne Chorpulte mit verschiedenen Perlmutt - und Elfenbeinmustern erhalten. Auf dem einen wurde festgehalten, dass sie zur Zeit des Abts Parthenios gefertigt wurden, während Kallinikos der Vorsänger war.

Das Vestibül des Katholikon ist mit neun kleinen Kuppeln versehen, es ist sehr geräumig und wird von vier Säulen getragen. An der Rückseite, rechterhand, befinden sich die Gräber der Gründer loasaph und Athanasios, welche auf einem Gemälde darüber dargestellt sind, das Kloster in ihren Händen haltend. Die Vorhalle ist ebenfall groß und mit wenigen Wandgemälden und ‚tryvlia' - Steinplatten mit verschiedenen Mustern - dekoriert. Der Eingang zur Hauptkirche ist in der Mitte der Vorhalle. Unten links am Eingang befindet sich folgende Inschrift:

DIESE GEWEIHTE UND HEILIGE KIRCHE DER TRANSFIGURATION UNSERES HERREN JESUS CHRIST WURDE AUF KOSTEN UND DURCH DIE ARBEIT DER GESAMTEN ORDENSBRÜDER ERRICHTET, IM JAHRE 1544-5.

Plan vom Katholikon des Megalo Meteoro von G. Sotiriou.

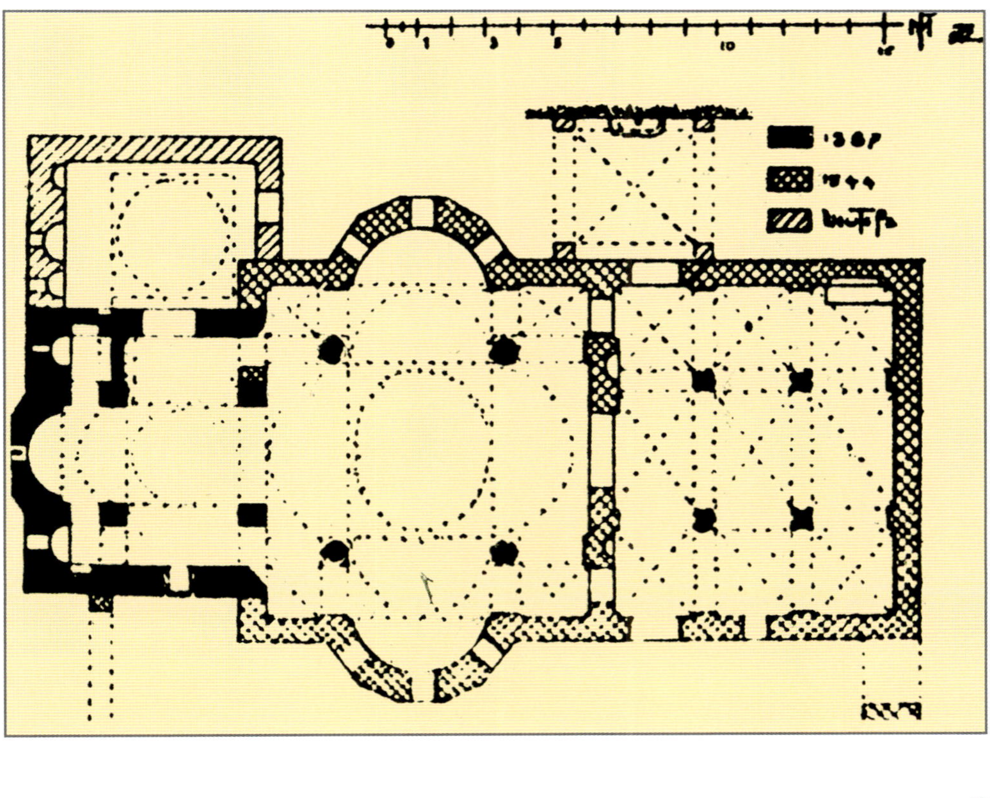

Die Geburt Christi, tragbare Ikone 16. Jht.

ΙϹ ΧϹ
ΜΡ ΘΥ

Die Wandgemälde

Die Kirchenwände sind von Ikonen bedeckt, die den dogmatischen und liturgischen Zyklus der orthodoxen Kirche darstellen. Diese Kompositionen sind gekennzeichnet durch kraftvolle, künstlerische Inspiration, durch Geschick und Ausdruckskraft. Ihre Ausführung ist getragen von einem Gefühl für Farbe und Interesse an den Einzelheiten. Die Malerei in der Sakristei ist besonders prachtvoll, die dargestellten Szenen sind wie auch alle anderen in der Kirche Werke namhafter Ikonenmaler. Die Ikonen im Kirchenschiff wie im Vestibül mit ihren bekannten Darstellungen des Märtyrertums der Heiligen zeugen von künstlerischem Eifer und Ausdruckskraft. Leider ist der Künstler unbekannt. Experten sind sich nicht einig, neigen aber zu der Meinung, dass es sich bei den ‚Wandgemälden des Katholikon von Meteora (z.B. der Transfiguration) um die letzten Werke des berühmten kretischen Ikonenmalers Theophanis handelt'.

Abgesehen von dem Katholikon besitzt das Kloster Megalo Meteoro noch drei kleinere Kirchen, welche zu verschiedenen Zeiten erbaut wurden. Die erste ist Johannes dem Täufer geweiht. Sie besitzt eine geschnitzte, hölzerne Altarwand und Wandgemälde aus dem 16. Jahrhundert. Die zweite ist die Kirche von St. Konstantin und Helena; sie wurde 1789 erbaut und hat ebenfalls eine holzgeschnitzte Altarwand, jedoch keine Wandgemälde. Eine Inschrift mit dem Hinweis auf das Baujahr befindet sich an der Wand am Eingang.

Die dritte Kirche, die St. Athanasios geweiht ist, befindet sich in der Nähe des Haupteinganges des Klosters.

Die Martyrien der Heiligen (16. Jh.).

Die erste ökumenische Synode. Wandgemälde.

Refektorium - Museum

Als dem Kloster noch eine große Anzahl von Mönchen angehörten, wurde das geräumige Refektorium verwendet, das heute ein Museum ist. Dieses alte Refektorium des Klosters ist noch heute in gutem Zustand. Seine Länge beträgt 35 Meter und seine Breite 12 Meter. Fünf Säulen tragen seine Decke, die in Einzel- und vier Doppelwölbungen unterteilt ist, die mit Zick-Zack-Linien und geometrischen Mustern ausgeschmückt sind. In einer Nische des Refektoriums, zwischen den Erzengeln Gabriel und Michael, befindet sich die Ikone der heiligen Jungfrau. Eine Inschrift zur Rechten des Eingangs informiert den Besucher:

DIESES REFEKTORIUM WURDE DURCH DIE MÜHE UND ARBEIT ALLER ORDENSBRÜDER, UND AUF KOSTEN DES HERRN ABTS SYMEON, MÖNCH, ERRICHTET, IM MONAT AUGUST 1557.

Das Refektorium hat eine Fläche von 190 m^2 und beherbergt heute das Museum mit prächtigen Arbeiten, die von Fleiß und Ausdauer der Künstler zeugen. Unter den Schätzen, die von dem Besucher bewundert werden können, befinden sich: Kruzifixe und ihre Halterungen, österliche Grabtücher und Ikonen, Messkelche und Evangelien, Bischofsstäbe, Gewänder, Miniaturmalereien, Siegel, goldene und bleierne Bullen und andere Dokumente von großem historischen und künstlerischen Wert. Wir möchten besonders auf ein holzgeschnitztes Kruzifix aufmerksam machen, eine Arbeit des Mönches Daniel, zu dessen Fertigstellung er zehn Jahre benötigte. Allein auf einer der Seiten sind zehn Szenen mit verschiedenen Figuren und 24 Darstellungen von Einzelfiguren vorhanden. Unter den bedeutenden tragbaren Ikonen von großem Wert befinden sich die folgenden: die Demütigung, die trauernde Jungfrau, der ungläubige Thomas, der Prediger usw.

Im Anschluss an das Refektorium befindet sich die Krankenabteilung des Klosters.

DAS KLOSTER AGION PANTON VARLAAM

Geschichte

Das Kloster Varlaam wurde in 373 Metern Höhe auf einem der höchsten Felsen im ‚steinernen Wald' von Meteora erbaut. Der erste Mönch, der sich im Jahre 1350 auf dem Felsen niederließ, war Varlaam. Er errichtete einige Zellen und die Kirche Trion Ierarchon. Später kamen die Brüder Nektarios und Theophanis auf den Felsen und begannen 1518 auf den Ruinen der alten Gebäude mit dem Wiederaufbau der Kirche Trion lerarchon, außerdem errichteten sie die Kirchen Agion Panton und Ioannis Prodromos (Johannes der Täufer). Die beiden Brüder stammten aus der vornehmen Familie der Apsarades aus loannina - so informiert uns eine noch erhaltene Inschrift.

Der erste Asket bestieg den Felsen über eine Reihe von Holzgerüsten, deren Stützträger in den Felsspalten verkeilt waren. Seinem Beispiel folgten andere Asketen. Nach und nach wurde auf diese Weise Meteora von Mönchen besiedelt. Die Gerüste wurden später durch Strickleitern ersetzt, die beim Besteigen Schwindelgefühle hervorriefen. Jene, die sich den Aufstieg über die Strickleitern nicht zutrauten, wurden in einem Netz hinaufgezogen. Bei dieser Art des Aufstieges verbrachte man eine halbe Stunde in Angst und Schrecken. Jedem Besucher brach der kalte Schweiß aus, wenn das Netz den festen Boden verließ und sich mit kreisförmigen Bewegungen in die Höhe schwang, wobei die kreischende Winde jeden Augenblick zu versagen drohte. Erst 1923 wurden die 195 Stufen in den Fels gehauen, die heute den Besucher bequem und sicher in die Höhe führen. Die Netze werden jedoch auch heute noch zur Beförderung von Lebensmitteln und anderer Dinge verwendet, die für die Mönche lebenswichtig sind.

Das Katholikon

Das eindrucksvollste Gebäude des Varlaam-Klosters ist die Hauptkirche oder Katholikon. Es ist ein großes Gebäude und allen Heiligen geweiht. Seine Architektur ist ein kreuzschiffiges Gewölbe, von vier Säulen getragen, wie jene Katholika der Klöster der Mönchrepublik Athos. Es besteht aus Vestibül, Kirchenschiff und Sakristei. Nach Aussagen von Dokumenten wurde die Kirche in zwanzig Tagen erbaut, aus Material, das 22 Jahre lang auf den Felsgipfeln gesammelt wurde. Es wird ebenfall berichtet, dass der seit 10 Monaten bettlägrige Theophanis, sobald er von der Fertigstellung der Kirche hörte, sich von seinem Krankenlager erhob. Auf Stöcke gestützt begab er sich zur Kirche, um Gott zu lobpreisen und den Heiligen Dank zu sagen. Im Anschluss daran - so fährt der Bericht fort - segnete er die Mönche, die Arbeiter in den Steinbrüchen, die Baumeister, die Maurer und Handwerker; erfüllt von großer Freude kehrte er in seine Klausur zurück und starb. Eine Inschrift, das Gebäude des Katholikons betreffend, befindet sich im Südteil des Kirchenschiff und lautet:

DIESE HEILIGE UND EHRWÜRDIGE KIRCHE DES KLOSTERS AGION PANTON WURDE VON DEM EHRWÜRDIGSTEN DER MÖNCHE UND ORDENSBRÜDER, MEISTER NEKTARIOS UND MEISTER THEOPHANIS IM JAHRE 1548 ERRICHTET UND 1780 RESTAURIERT.

Das Kloster Varlaam (Agion Panton). Zeichnung von B. Barskij 1745.

Die Altarwand des Katholikon ist holzgeschnitzt und mit Pflanzen- und Tiermotiven geschmückt. Der Thron des Bischofs oder Abts, der Schrein und die Chorpulte sind Intarsienarbeiten aus Perlmutt und Elfenbein in verschiedenen Mustern, die der Kirche eine besondere Pracht verleihen. Den Hinweis, dass die Kirche von den Brüdern Nektarios und Theophanis erbaut wurde, findet man auf zwei weiteren Inschriften in der Sakristei. Die eine an der Außenwand der Sakristei und die andere in der Nische ihres Fensters.

Das Vestibül ist geräumig und enthält außer den prächtigen Wandgemälden das Grab der Erbauer Nektarios und Theophanis. Das Grab wurde ursprünglich von den Erbauern selbst in der Kapelle der Trion Ierarchon angelegt und wurde später zum Katholikon überführt. Eine Inschrift in der nord-östlichen Säulenhalle des Vestibüls, neben der Darstellung der Gottesmutter in Lebensgröße, besagt:

DAS VESTIBÜL DER KIRCHE AGION PANTON WURDE MIT HILFE UND AUF KOSTEN DES BISCHOFS VON VELLA, GELIEBT VON GOTT, MEISTER ANTONIOS VON IOANNINA, IM JAHRE 1566 DEKORIERT, IM JAHRE 1780 UND 1782 WURDEN ALLE DEKORATIONEN DER SAKRISTEI DES KATHOLIKONS DURCH DIE HILFE UND AUF KOSTEN DES DEMÜTIGEN BISCHOFS VON STAGI, PARTHENIOS, RESTAURIERT, IM ANDENKEN UND ZUR RETTUNG SEINER SEELE.

Eine zweite Inschrift auf der Nordseite des Vestibüls gibt weitere Informationen über die Ausschmückung der Kirche, welche durch die Priester Georgios und seinen Bruder Frankos im Jahre 1566 ausgeführt wurden.

Die Wandgemälde

Der Reichtum an Wandgemälden im Katholikon umfasst Darstellungen des historischen, dogmatischen und liturgischen Zyklus der orthodoxen Kirche. Die Wandmalereien zeichnen sich durch künstlerisches Geschick und Ausdruckskraft aus. Die reichen Dekorationen im Hauptschiff der Kirche sind realistische Darstellungen und zeugen von italienischem Einfluss. Durch scharfe Kontraste von Licht und Dunkelheit stellt der Ikonenmaler des Katholikons vom Varlaam-Kloster sämtliche Phasen eines Ereignisses in allen Einzelheiten dar. Bei der Darstellung einer großen Anzahl von Figuren sind die Gesichtszüge von westlichen Modellen übernommen worden. Doch folgte er bei der Darstellung von einzelnen Heiligen der orthodoxen Tradition, da die westliche Kunst diese Art von Modellen nicht anzubieten hat. Die heutigen Wissenschaftler nehmen an, dass die Dekorationen im Hauptschiff des Katholikon des Klosters Varlaam von dem berühmten Ikonenmaler Franko Katelanos ausgeführt wurden, der 1560 im Kloster Megisti Lavra auf dem Berg Athos tätig war. Katelanos war einer der bedeutendsten Ikonenmaler des 16. Jahrhunderts. Trotz seiner Bemühungen um Originalität zeigen seine Werke den Einfluss von Theophanis, welcher wenige Jahre zuvor die Kirche des Klosters Agios Nikolaos Anapafsas ausschmückte. Die Ikonen im Vestibül

Ο
Ω
Ν
ΙΣ
ΧΣ

Die Heiligen Katerina, Thekla und Barbara, Wandmalerei 1627.

sind nach Aussagen von Inschriften, die durch Vergleiche und Dokumente unterstützt werden, Werke des Priesters Georgios Dikotaris, Geistlicher aus Theben, und Frankos Dikotaris.

Abgesehen vom Katholikon gibt es im Kloster Varlaam auch noch die Kapelle Trion Ierarchon. Es ist eine einschiffige Kirche mit holzgeschnitzter Altarwand und prächtigen Wandmalereien. Eine Restauration der Kapelle, wie auf einer in die Wand eingelassenen Kachel beschrieben wird, wurde im Jahre 1627 durchgeführt. An ihrer Nordwand findet man folgende Inschrift:

DIESE KAPELLE TRION IERARCHON, VASILIOS DEM GROSSEN, GREGORIOS DEM THEOLOGEN UND JOHANNES CHRYSOSTOMOS, WURDE ERRICHTET UND DEKORIERT VON DEN EHRWÜRDIGEN MÖNCHEN UND ORDENSBRÜDERN DES HEILIGEN UND EHRFÜRCHTIGEN KLOSTERS AGION PANTON, WÄHREND KIRILLOS UND SERGIOS, DIE ÄBTE DIESER MÖNCHE UND ORDENSBRÜDER WAREN, IM JAHRE 1627, UND WURDE VON DER HAND DES SÜNDERS IOANNIS, PRIESTER, UND SEINEN HELFERN IM JAHRE 1627 DEKORIERT.

Zu den Gebäuden, die der Besucher besichtigen kann, gehören das Refektorium, die Krankenabteilung, das Hospitz für die Alten und die Kapelle von St. Kosmas und Damianos.

Das alte Refektorium wurde in die Sakristei verwandelt. Unter den Schätzen, die dort aufbewahrt werden, befinden sich herrliche Miniaturen, Grabtücher, bischöfliche Gewänder, kunstvoll geschnitzte hölzerne Kruzifixe, tragbare Ikonen, Abendmahlskelche und viele ander Gegenstände. Besonders bemerkenswert ist ein handgeschriebenes Evangelium des byzantinischen Kaisers Konstantinos Porphyrogennitos, das einen Besitzervermerk des Kaisers trägt.

Der selige Sisois am Grabe von Alexander dem Großen. Wandgemälde im Katholikon.

"Und Wein, der das Herz des Menschen erfreut ..."

DAS KLOSTER ROUSANOU

Geschichte

Das Kloster Rousanou befindet sich südöstlich des Megalo Meteoro zwischen den Klöstern-Varlaam und Agia Triada auf einem schroffen, steilen Felsen des ‚steinernen Waldes'. Wenn der Besucher den riesigen Felsblock umwandert, wird ihn beim Anblick der nackten Felswände mit dem Kloster in schwindelnder Höhe ein Gefühl der Ehrfurcht überkommen. Das Kloster selbst erhebt sich stolz auf dem Gipfel des Felsens, dessen Plattform gerade groß genug dafür ist. Bis 1897 konnte das Kloster nur über Strickleitern erreicht werden. Später wurden zwei hölzerne Brücken für Mönche und Besucher errichtet. 1936 wurden diese durch zwei neue, malerische Brücken, die dem gleichen Zweck dienen, ersetzt. Die Kosten für die Errichtung dieser Brücken wurden von Daphne Baka aus Kastraki getragen.

Es ist ungewiß, woher der Name Rousanou für das Kloster stammt. Es scheint jedoch, dass der Name Rousanou oder Rosano auf den Gründer zurückzuführen ist, welcher sich Rousanos nannte. Es wird ebenfalls behauptet, dass der erste Vorsteher aus dem Dorf Rosana in Thessalien kam und das Kloster danach benannt wurde. Historische Quellen, die jedoch noch bezweifelt werden, berichten, dass das Kloster Rousanou von den Mönchen Nikodemos und Benedikt gegründet wurden. Sicher ist jedoch, dass 165 Jahre später eine Restaurierung des Klosters stattfand und die verfallenen Gebäude wieder aufgebaut wurden. Das Kloster konnte auf Grund des Einsatzes der Mönche Maximos und Ioasaph, die 1545 aus Ioannina kamen, wieder benutzt werden. Nach unseren Quellen wurde das Kloster mit dem Segen des Metropoliten von Larissa Bessarion (1 541) und dem Einverständnis des Abtes des Megalo Meteoro Klosters wieder seiner ursprünglichen Bestimmung zugeführt.

Das Katholikon

Die Kirche des Klosters, das sogenannte Katholikon, ist der Transfiguration Christi geweiht. Architektonisch gesehen ist es eine gewölbte, mit drei Altarnischen versehene Kirche, ausgeschmückt mit herrlichen Wandgemälden, die geschichtliche, theologische und liturgische Themen darstellen. Die Darstellungen, voller Anmut und Ausdruckskraft, wurden von erfahrenen Künstlern ausgeführt. Die Altarwand besteht aus einer vergoldeten Holztäfelung, während der Schrein der Gottesmutter eine Einlegearbeit in Perlmutt ist. Die Kosten für die Anfertigung des Schreines hatten die Mönche Damaskenos und Bessarion übernommen, worauf eine Inschrift hinweist, ausgeführt wurde die Arbeit von dem Priester Rizos.

Die Wandgemälde, die nach einer Inschrift im Jahre 1561 auf Kosten von Abt Arsenios ausgeführt wurden, befinden sich selbst noch nach 400 Jahren in außerordentlich gutem Zustand.

Das Kloster Rousanou. Zeichnung von Barskij 1745.

DAS KLOSTER AGIA TRIADA (HEILIGE DREIEINIGKEIT)

Das Kloster Agia Triada (Heilige Dreieinigkeit) wurde auf einem sehr hohen, eigenwillig geformten Felsen nordwestlich des Klosters Agios Stephanos erbaut. Einhundertundvierzig in den Fels gehauene Stufen führen den Besucher sicher zum Gipfel hinauf, auf dem das Kloster liegt. Experten behaupten, dass das Kloster Agia Triada das drittälteste von Meteora ist. Den Inschriften und anderen Zeugnissen zufolge wurde die Hauptkirche, also das Katholikon, im Jahre 1476 erbaut, während das Vestibül zu einem späteren Zeitpunkt entstand. Die Konstruktion der Außenwände sowie die Gründung des Klosters fanden im 14. Jahrhundert statt, worauf einige monogrammierte Kacheln hinweisen. Das Vestibül jedoch wurde erst 1689 angebaut und 1692 ausgeschmückt. Es ist sehr wahrscheinlich, dass das Kloster in einem Zeitraum von 18 Jahren erbaut wurde, also zwischen 1458 und 1476. Dies jedenfalls versichern historische Zeugnisse und die Berichte von Reisenden früherer Jahrhunderte. Es ist nicht bestätigt, ob der Bericht, welcher den Mönch Dornetios als Gründer des Klosters benennt, richtig ist. Richtig ist jedoch, dass man ganze siebzig Jahre brauchte, um das Material für den Klosterbau auf den Gipfel des Felsens zu schaffen.

Das Katholikon

Das Kloster der Agia Triada besitzt zwei Kirchen - die Hauptkirche, das sogenannte Katholikon, und die Kapelle Ioannis Prodromos. Das Katholikon, das keine sehr umfangreiche Konstruktion ist, ist der Heiligen Dreieinigkeit geweiht. Architektonisch gesehen ist es eine Kreuzkuppelkirche. Der östliche Teil der Sakristei ist besonders sorgfältig ausgeführt. Ein dreiteiliges Pseudo-Fenster schmückt die Apsis und weist gezackte Ziegeldekorationen mit Kreuzen und Christus Monogrammen auf (IL. XP. NIKA). Eine Doppelreihe gezackter Ziegelsteine verläuft unter dem Fenster über die ganze Seite und verleiht dem Gebäude der Kirche eine ganz besondere Anmut. An der Südfassade der Kirche sind zwei Inschriften nebeneinander in die Wand eingelassen, die folgendes besagen:

IM JAHRE 1476 UND DURCH DIE HÄNDE DER MÖNCHE NIKODEMOS UND PTOCHOS RAKENDYTOS ERSCHAFFEN.

Eine weitere Inschrift, im Inneren des Vestibüls, befasst sich mit der Ausschmückung der Kirche. Sie berichtet, wer für die Kosten des Baus aufkam und wer mit der Grundsteinlegung sowie der Ausschmückung der Kirche betraut war.

Die Altarwand des Katholikons ist holzgeschnitzt, vergoldet und mit verschiedenen Pflanzenmotiven geschmückt. Hier hängen bemerkenswerte tragbare Ikonen. Die Ikone Christi, gemalt 1662, stellt ihn in einheimischer („Karagouniko") Tracht dar. Eine andere tragbare Ikone stellt symbolisch die Heilige Dreieinigkeit als eine Szene mit drei Engeln dar.

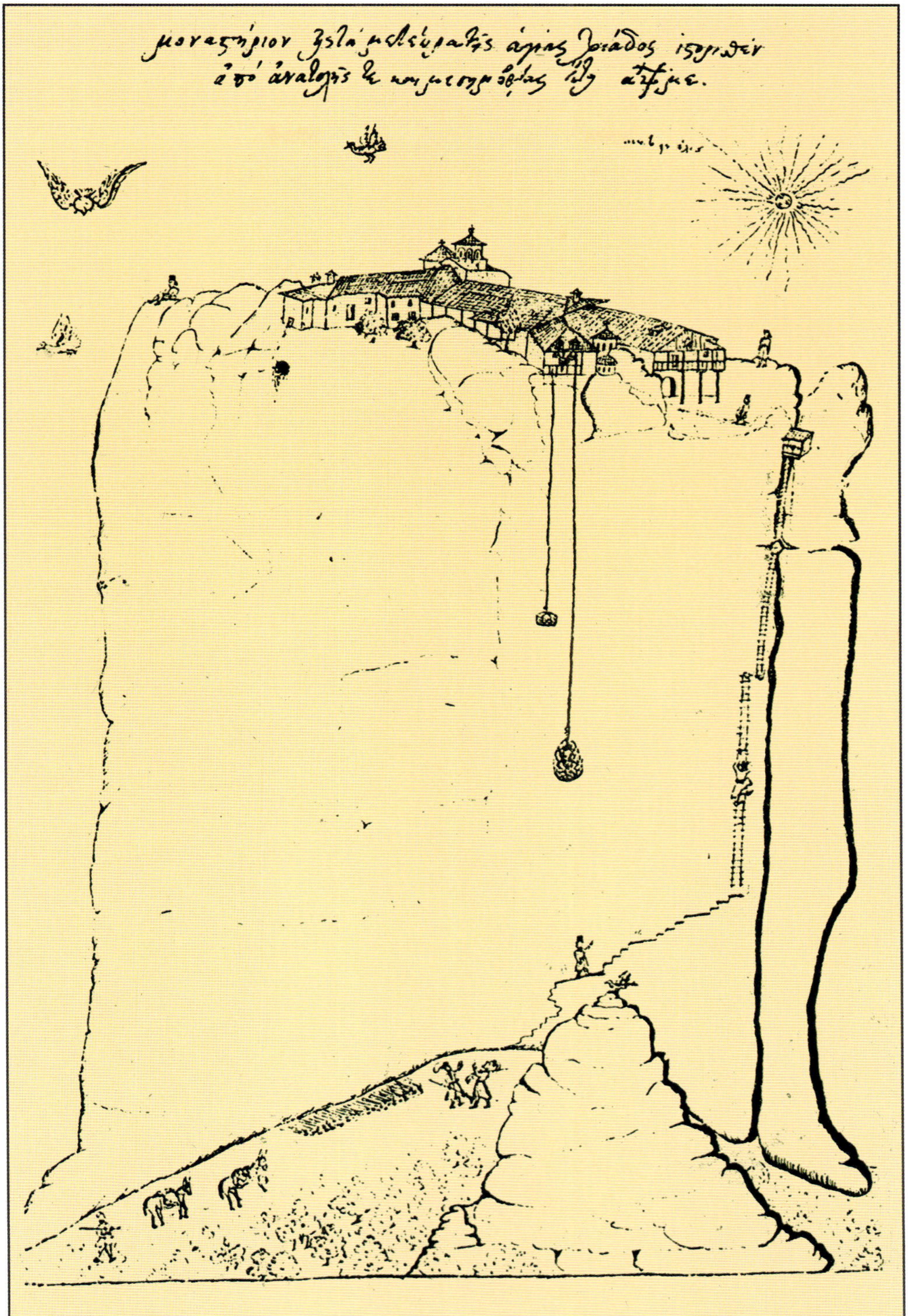

Das Kloster Heilige Dreieinigkeit (Agia Triada). Zeichnung B. Barskij. 1745.

Die Wandgemälde

Die Kirche ist mit zahlreichen Malereien geschmückt, die geschichtliche, theologische und liturgische Themen der orthodoxen Kirche darstellen. Es sind Wandgemälde von außergewöhnlicher Qualität, die sich durch echtes künstlerisches Empfinden auszeichnen. Inschriften, welche sich mit den Wandgemälden sowie mit der Ausschmückung der Kirche befassen, befinden sich an der Nordwand der Kirche.

Eine Inschrift informiert uns unter anderem darüber, dass die Wandgemälde der Hauptkirche von dem Priester Antonios und seinem Bruder Nikolas im Jahre 1741 ausgführt wurden.

Die andere, bis heute erhaltene Kirche des Klosters Agia Triada ist die von St. Johannes dem Täufer. Es ist ein Kapelle, die in den Felsen gemeißelt worden ist. Es ist das Erste, was der Besucher des Klosters zu Gesicht bekommt. Eine Inschrift, die sich auf den Bau der Kapelle bezieht, findet man auf der inneren Türschwelle. Sie bestätigt, dass der Bau durch die Arbeit und auf Kosten der Mönche Damskenos, Jonas und Parthenios, entstand.

Der Ausblick vom Kloster Agia Triada ist unvergleichlich. Im Osten befindet sich das Kloster Agios Stephanos und im Westen die Klöster Varlaam und Megalo Meteoro, während im Süden Kalambaka liegt. Die Fläche des Felsenplateaus beträgt etwa einen Hektar und beherbergt außer den bereits erwähnten Kirchen die Mönchsklausuren, die Küche, das Refektorium, zwei Zisternen und ein Stück kultiviertes Land.

Die Altarwand im Katholikon des Klosters Agia Triada.

DAS KLOSTER AGIOS STEPHANOS

Geschichte

Das Erste, was man hoch oben auf dem vordersten Felsen zur Rechten sieht, wenn man sich Kalambaka aus der Richtung Trikala nähert, ist das Kloster Agios Stephanos, welches dort seit Jahrhunderten stolz seinen Platz einnimmt. Das tiefe Grün der oftmals sanften und friedlichen thessalischen Ebene und die graugelben, dunklen, nackten Massen des steinernen Waldes vermischen sich hier zu einer unvergleichlichen Harmonie. Es sieht fast so aus, als ob die Hunderte von steilen Felsen sich einen Wettlauf lieferten, jedoch mitten in der Luft von geheimnisvoller Hand zurückgehalten wurden, getrennt von den sie verbindenden Bergen und frei jeglichen Buschwerkes, das sie so üppig umgibt. Auf den Gipfeln der schroffen Felsen wurden vor 800 Jahren die Klöster erbaut, deren Erscheinung uns verwirrt und deren Massivität uns beeindruckt. Von Kalambaka aus erscheinen die Klöster wie ein Wunderwerk des Himmels; fast so, als ob sie sich in aller Erhabenheit himmelwärts vom Erdboden abgehoben hätten.

Das Kloster Agios Stephanos erreicht man auf zwei Wegen. Der eine beginnt im Dorf von Kastraki und der andere im südöstlichen Teil Kalambakas. Während des Anstieges sieht man die geräumige und verlassene Burg, die auf dem Plateau des gewaltigen Felsens erbaut wurde. Sie hat eine Grundfläche von 7500 m^2. In früheren Zeiten, wie aus Kunstwerken, Plänen und Stichen im Kloster Agios Stephanos hervorgeht, war der Zugang zu diesem Kloster einfacher als zu anderen auf Grund einer beweglichen Brücke, die den Klosterfelsen mit dem gegenüberliegenden Hügel von Koukoulas verband. Heutzutage führt eine feste, 8 Meter lange Brücke zum Eingang des Klosters. Eine Inschrift, die sich bis vor wenigen Jahren auf der Eingangsschwelle des Klosters befand, bezeugte, dass es 1192 erbaut wurde. Diese Tatsache wird von Gelehrten und Historikern bestätigt. Diese Inschrift, heute längst verschwunden, besagte:

SΨ' JEREMIAS

Aus dieser Inschrift geht hervor, dass dieser Ort vor 1200 n.Chr. bewohnt wurde und der erste Vorsteher der Einsiedelei ein gewisser Jeremias war. Zu Beginn des 14. Jahrhunderts, so wird uns berichtet, lebten die Mönche hier ein gemeinschaftliches Leben. Im Jahre 1333 kam der byzantinische Kaiser Andronikos Palaiologos (1328-1341) nach Thessalien und erlebte die Gastfreundschaft des Klosters. Aus Dankbarkeit machte er dem Abt und den Mönchen viele großzügige Geschenke. Von diesem Zeitpunkt an hatte das Kloster das Recht, den Zusatz ‚königlich' zu tragen. Im Jahre 1350 wurde die Kirche Agios Stephanos erbaut. Wir hören, dass zu jener Zeit der ehrwürdige Theophilos von Siataina und Antonios Katakouzenos, ein serbischer Edelmann, Vorsteher des Klosters waren. Im Jahre 1398 stiftete loannis Vladislavos, Herrscher über die Wallachei, dem Kloster einen Teil des Wahren Kreuzes, Grundbesitz in Rumänien, Reliquien von Johannes dem Täufer. Sein Neffe Vornikos Dragoumaris vermachte dem Kloster die Schädelreliquie des Heiligen Charalambos.

Der Patriarch von Konstantinopel Jeremias erklärte das Kloster im Jahre 1545 zum Stavropegion, während 1605 der Patriarch Raphael es zum königlichen, sich selbst verwaltenden, direkt dem Patriarchen unterstehenden Stavropegion ernannte. Im Jahre 1798, als Paisios Bischof von Stagi und Ambrosios, Klostervorsteher waren, wurde die eindrucksvolle Hauptkirche von St. Charalambos gebaut. Im Jahre 1850 ließ das Kloster die Konstantinsschule in Kalambaka bauen und stiftete 80.000 Golddrachmen für die Errichtung einer Grundschule in Trikala. Während 1888 noch 31 Mönche im Kloster lebten, war es 1960 praktisch unbewohnt. 1961 etablierte sich hier eine Gemeinschaft von Nonnen, die sich in blühendem Zustand befindet. Die vorgenannten Informationen gehen aus goldenen Bullen und Erlässen der Patriarchen sowie offiziellen Dokumenten und Berichten hervor.

Das Kloster Agios Stephanos. Zeichnung von B. Barskij 1745.

Vergoldetes Holzkreuz. Schatzkammer des Klosters Agios Stephanos.

Goldbesticktes, österliches Grabtuch (1857).

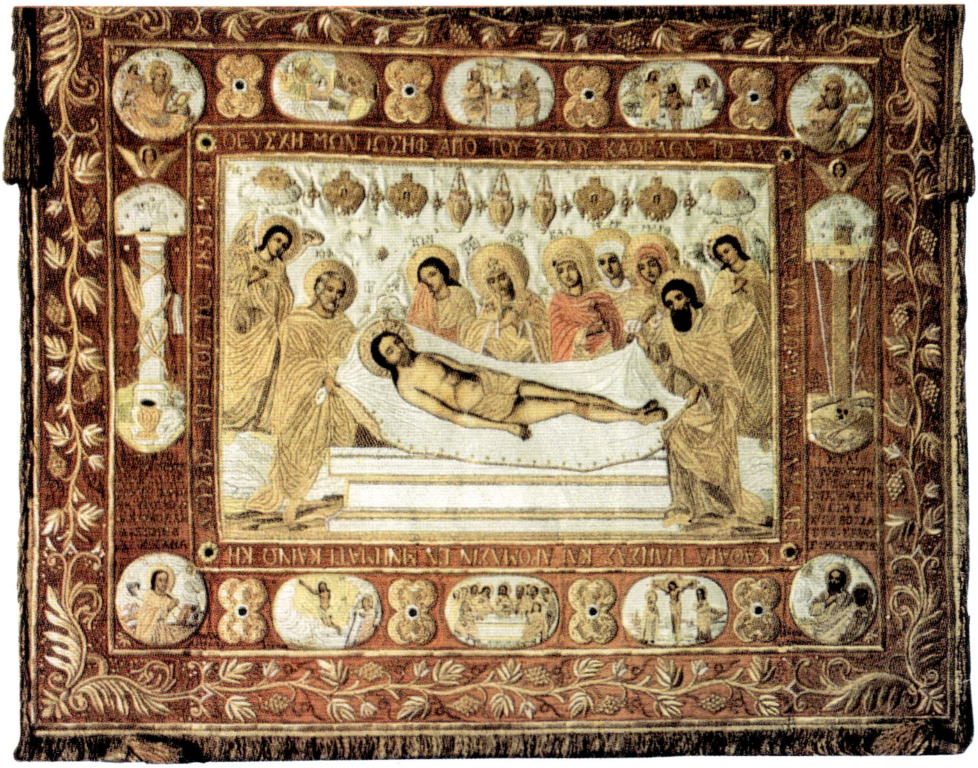

Holzschnitzarbeit eines Schreins. Kloster Agios Stephanos 18J6

Das Katholikon

Die beeindruckende und geräumige Hauptkirche des Klosters, das Katholikon, ist St. Charalambos geweiht. Es handelt sich um eine kreuzförmig gewölbte Kirche mit drei Apsiden, vier Säulen, einem Vestibül, Altartisch und Sakristei, gleich den Klosterkirchen auf dem Berge Athos. Sie wurde 1798 erbaut und in den Jahren 1868, 1902 und 1915 mehrfach renoviert, wie die Inschriften bezeugen. An der Außenwand der Vorhalle, linkerhand der Chorempore, befinden sich drei Inschriften, deren mittlere einen ausführlichen Text enthält. Die erste bezieht sich auf den Bau der Kirche zur Zeit von Paisios, Bischof von Stagi, und Ambrosios.

Die Hauptinschrift enthält ein Gebet des Bischof Paisios von Stagi, in dem er Gott bittet, am furchtbaren Tage des Jüngsten Gerichts die Kirche, die Ordensbrüder und dessen eigene Seele nicht zu vergessen. Die dritte und letzte Inschrift weist auf die Gründung der Kirche hin und erwähnt hauptsächlich die an der Errichtung Beteiligten.

Das Vestibül ist von recht einfacher Art und wird von vier Säulen getragen. In der Vorhalle befindet sich ein Hinweis auf die‚Spender des Grundsteins'. Dieser Hinweis nennt das äußere Vestibül ‚Apoltaria'. Es wird berichtet, dass Abt Theophanis für dessen Bau verantwortlich war, welcher gemeinsam mit den Ordensbrüdern auch für die Kosten aufkam.

Die Kirche ist völlig frei von Wandgemälden. Ein herrlicher holzgeschnitzter Baldachin befindet sich über dem Altar. Die Altarwand der Kirche ist ebenfalls holzgeschnitzt und von außerordentlicher Kunstfertigkeit. Die Schnitzereien behandeln symbolische Themen aus dem Pflanzen-und Tierreich sowie eine bemerkenswerte Darstellung des Abendmahls und der Heiligen Demitrios, Stephan der Märtyrer, Georg usw. Eine geschnitzte Inschrift über der Ikone von St. Charalambos besagt:

DIE ALTARWAND DER KIRCHE ST. CHARALAMBOS WURDE VOM BISCHOF VON STAGI, BRUDER GABRIEL, DEM MÖNCH, MEISTER THEOPHANIS AUS SOULTENA, TRIKKI, DERZEITIGER ABT, GESTIFTET UND ANGEFERTIGT VON DEN HÄNDEN DER MEISTER KOSTAS UND DIMITRI AUS DEM DORF METSOVON, IM JAHRE 1814.

Der bischöfliche Thron und die Schreine sind ebenfall aus Holz geschnitzt. Sie sind erwähnt in einer Inschrift aus dem Jahre 1836, die sich über dem Schrein mit der Ikone der Jungfrau Maria befindet. Eine weitere Inschrift auf einem holzgeschnitzten Schrein in der Hauptkirche weist auf Schreine und die Altarwand hin, die 1846 angefertigt wurden.

Schließlich sollten noch die zwei Chorpulte erwähnt werden, mit ihren prächtigen Intarsienarbeiten in Perlmutt und Elfenbein. Gemeißelte Steinplatten an der Außenwand des Eingangs zum Vestibül stellen Weinstöcke, lateinische Kreuze, doppelköpfige Adler, Zypressen usw. dar. Auf dem Boden in der Mitte der Hauptkirche ist in einem Kreis ein doppelköpfiger Adler eingemeißelt. Er ist das unvergängliche Symbol der Macht des byzantinischen Reiches.

Die Kirche Agios Stephanos der Märtyrer

Außer dem gerade beschriebenen Katholikon des Klosters gibt es noch die alte Kirche Agios Stephanos, die auf dem südöstlichen Teil des Felsens steht. Es ist ein Steinbau mit Holzverschalung, bestehend aus einem Kirchenschiff mit Vestibül. Sie misst 12 Meter in der Länge und 5 Meter in der Breite. Die Kirche ist mit Wandgemälden aus dem Jahre 1501 geschmückt, worauf eine Inschrift hinweist. Forscher behaupten allerdings, dass sich der Hinweis nur auf die Ikone der Heiligen Jungfrau bezieht, während die anderen Wandgemälde älter sein müssen.

Außer den beschriebenen Kirchen gehören zu dem Kloster noch ein Refektorium, ein Gästehaus, ein Innenhof und die Klausuren der Nonnen. Das Refektorium ist in eine Sakristei umgewandelt worden, in der die Besucher herrliche holzgeschnitzte Kreuze, goldverzierte Gebetsbücher, Messkelche, Weihrauchgefässe, tragbare Ikonen von hervorragender Qualität, goldverzierte Gewänder, Grabtücher, handgeschriebene Codices mit Miniaturen, liturgische Geräte und Gürtel, die mit viel Geschick und Geduld angefertigt sind, besichtigen können. Im südlichen Teil des Klosters befindet sich das Gästehaus für die Besucher.

Heutzutage befasst man sich hier mit Ikonenmalerei und Musik und erzielt gute Resultate. Einige der Nonnen beschäftigen sich erfolgreich mit der Schriftstellerei, während andere, die über eine akademische Ausbildung verfügen (z.B. als Ärztinnen, Lehrerinnen) das mönchische Ideal durch Tätigkeit im sozialen Bereich verwirklichen. Und somit hat sich das Kloster Agios Stephanos von Meteora als ein geistiger Bienenkorb erwiesen, der in diesem Zeitalter der Unsicherheit wertvolle Beiträge christlich-orthodoxen und sozialen Handelns gibt.

DAS KLOSTER AGIOS NIKOLAOS ANAPAFSAS

Geschichte

Südwestlich der Meteora-Felsen, nahe dem Dorf Kastraki, zwischen den verfallenen Klöstern Agia Moni, Pantokrator, Ioannis Prodromos und Doubiani liegt das Kloster Agios Nikolaos Anapafsas. Viele mehr oder weniger bizarre Erklärungen des Namens Anapafsas wurden bisher gegeben. Am wahrscheinlichsten ist ein Hinweis auf die Person, auf deren Kosten das Kloster erbaut wurde. Es ist möglicherweise das älteste Gebäude, das an dieser gleichen Stätte gestanden hat. Das noch gut erhaltene Kloster wurde gegen Ende des 15. Jahrhundert erbaut, auf den Ruinen - nach Aussagen von Experten - eines älteren Klosters. Architekten sind jedoch der Meinung, und Überreste von Wandgemälden unterstützen diese Auffassung, dass die Kirche aus dem 13. oder 14. Jahrhundert stammt. Das enge, begrenzte Plateau des Felsens, auf dem das Kloster steht, ist Anlass dafür, dass es nicht auf einer Ebene, sondern in verschiedenen Etagen erbaut wurde. Und so finden wir dort oben auf der ersten Etage die Kirche und das Refektorium und auf der zweiten die Zellen der Mönche. Alles an diesem Ort gibt das Gefühl von Beengung und Dunkelheit.

Das Katholikon

Die Hauptkirche des Klosters ist St. Nikolas geweiht und befindet sich auf der ersten Etage. Sie ist langgestreckt und eng und schließt sich rechtwinklig an den südlichen Teil der Klosterwand an, welche dem unregelmäßigen Verlauf des Felsens folgt. Sie hat ein niedriges Gewölbe ohne Fenster, da sich, wie wir schon bemerkt haben, die zweite Etage genau darüber befindet. Im Gegensatz zum Kirchenschiff ist das Vestibül verhältnismässig geräumig und gut erleuchtet. Jedoch ist die verhältnismäßige Geräumigkeit des Vestibüls nicht durch eine große Zahl von Mönchen in diesem Kloster begründet, denn aus alten Beschreibungen wissen wir, dass es hier zehn Mönchsklausuren und die Räume für den Abt gab. Weil ein Kreuzgang fehlte -was auf das geringe Ausmaß des Felsplateaus zurückzuführen ist- hielten sich die Mönche hier zum Zwecke ihrer Studien auf, sofern sie keinem Gottesdienst in der Hauptkirche beiwohnten oder mit anderen Arbeiten beschäftigt waren. Das Vestibül diente als eine Art Innenhof des Klosters. Die Kirche, damals noch in der Planung, wurde wenige Jahre vor 1510 auf Kosten des Metropoliten von Larissa Dionysios und des Mönchs Nikanor, Oberpriester und Prinzipal von Stagi (Kalambaka), gebaut. Die Gemälde der beiden Vorsteher des Klosters befinden sich im Vestibül der Kirche. Die Ausschmückung von Kirche und Vestibül wurde 1527 beendet, wie uns eine Inschrift über dem Eingang der Kirche berichtet:

DIESE HERRLICHE UND VEREHRUNGSWÜRDIGE KIRCHE UNSERES VATERS UND DES HEILIGEN NIKOLAS WURDE VON SEINER EHRWÜRDEN DEM METROPOLITEN VON LARISSA MEISTER DIONYSIOS UND DEM EHRWÜRDIGSTEN MÖNCH NIKANOR, VORSTEHER VON STAGI, UND VON ALLEN ORDENSBRÜDERN ERBAUT UND DEKORIERT AUF KOSTEN DES SÜNDIGEN KYPRIANOS, 12. OKTOBER, DURCH DIE HÄNDE DES MÖNCHES THEOPHANIS AUS STRELITZA AUF KRETA TOUPILKIN BATHAS.

Die Wandgemälde

Die Ausschmückung der Wände wurden von dem Mönch Theophanis Strelitzas aus Kreta ausgeführt. Trotz großer Schwierigkeiten wegen der Enge des Kirchenraumes gelang ihm die Darstellung des gesamten, reichhaltigen ikonographischen Schemas im Stil der Palaiologenzeit. Zweifellos war er einer der bedeutendsten Ikonenmaler des 16. Jahrhunderts. Er war es, welcher der byzantinischen Ikonenmalerei ihre endgültige Ausprägung gab, die nicht nur für die Zeitgenossen, sondern auch für die Maler späterer Generationen vorbildlich wurde.

Die Ikonen des Katholikons im Kloster Agios Nikolaos Anapafsas umfassen den historischen, dogmatischen und liturgischen Zyklus der orthodoxen Kirche. Die reichhaltige Ausschmückung der Kirche ist durch Lebhaftigkeit, Ursprünglichkeit, Ausdruckskraft und Ausstrahlung der Körper gekennzeichnet, welche dominierend vor einem braunen Untergrund erscheinen. Die einzelnen Segmente bilden eine strahlende Komposition. In wenigen Worten könnte man sagen, dass die Werke von Theophanis, der auch durch seine Arbeiten in den Klöstern des Berges Athos bekannt ist, sich durch künstlerische Inspiration, Talent, Ausdruckskraft und Austrahlung auszeichnen. Wir möchten besonders auf folgende Darstellungen hinweisen: die Gottesmutter am Hochaltar, die Demütigung, die Vorsteher, den Tod des heiligen Ephraim, den Allmächtigen, die Rückkehr, die Versuchung Christi, u.a. Wir geben hier nachfolgend einen kurzen Abriss von Leben und Werk des großen kretischen Ikonenmalers Theophanis Strelitzas:

Das Kloster Agios Nikolaos Anapafsas. Zeichnung von B. Barskij 1745.

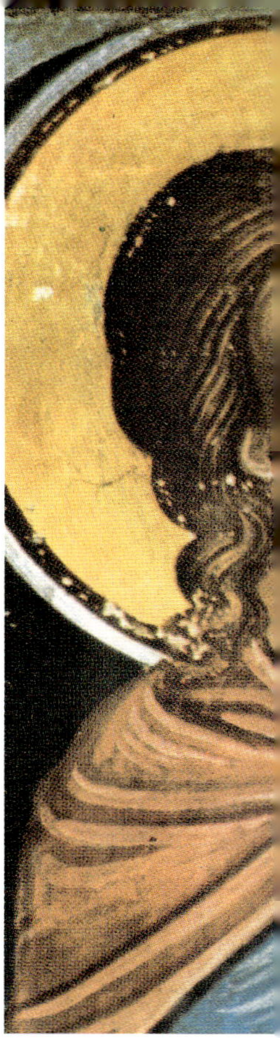

Die Ikonen des I
Arbeiten des große

m Kloster von Agios Nikolaos Anapafsas.
nenmalers Theophanis Strelitzas (16. Jhd.).

Christi Versuchung durch den Teufel. Wandgemälde von Theophanis, 1527.
(T. Provatakis, DerTeufel in der byzantinischen Kunst, Fig. 7).

Theophanis: Mönch und Ikonenmaler

Theophanis, der Kreter, hat seinen Platz in den ersten Rängen der orthodox-christlichen Ikonenmalerei. Er ist der wichtigste Vertreter der kretischen Schule. Er wurde um 1500 auf Kreta geboren und arbeitete in Makedonien und Thrakien, hauptsächlich jedoch auf dem Berge Athos und in Meteora. Sein eigentlicher Nachname war Strelitzas, bekannt war er jedoch als ‚Bathas', wie eine Inschrift seines Sohnes Neophytos in der Kathedrale von Kalambaka besagt, die er mit dem Priester Kyriazis im Jahre 1537 gemeinsam ausschmückte. Theophanis, der ein bedeutender Künstler war, wurde durch Wandgemälde, tragbare Ikonen und Entwürfe in den Geist der kretischen Schule eingeführt. Im Jahre 1527 schmückte er das Katholikon des Klosters Agios Nikolaos Anapafsas in Meteora aus, und 1535 gestaltete er die Wände des Katholikons von Lavra auf dem Berg Athos. Im Jahre 1546 arbeitete er im Stavronikitas Kloster auf dem Berg Athos, assistiert von seinem Sohn Symeon. Die Werke von Theophanis zeichnen sich zweifellos durch Vornehmheit, geistige Tiefe, Ausdruckskraft, Askese und Idealismus aus. Es ist eine Kunstrichtung, die dem byzantinischen Ideal immer eng verbunden bleiben wird. Er liebte das Konservative, besondere Bewegungen, die Ruhe, den Ausdruck innerer Gefühle, die Stilisierung der Umrisse und die Akzentuierung wichtiger Teile des Gesichts. Es fehlt ihm an Lebhaftigkeit und sein Ziel war die Überlieferung der tiefgründigen orthodoxen Wahrheit; seine Werke sollen dem Gläubigen helfen, vom weltlichen in das himmlische und ewige Leben hinüberzuwechseln. Aus diesem Grunde liegt die Bedeutung seiner Werke in der Verdeutlichung des spirituellen und ewigen Lebens, wobei die Welt und die historische Zeit ignoriert werden. Die Natur wird von der byzantinischen Kunstrichtung in übernatürlicher Art dargestellt. Berge und Hügel werden stilisiert, während Pflanzen und Tiere in geometrische Formen überführt werden. Entwürfe und Ausfuhrungen sowie der goldfarbige Hintergrund zeugen von den Bemühungen des Malers, seine Kompositionen vom weltlichen Leben zu distanzieren. Der Körper ist für den orthodoxen Maler von zweitrangiger Bedeutung; aus diesem Grunde bedeckt er ihn entweder mit klassisch drapierten Gewändern oder präsentiert ihn nackt und ohne feste Formen. Erscheinungen und Gesichter sind nicht mit schmeichelhaften Zügen versehen, d. h. nach dem Schönheitsbegriff unserer Welt. Es ist vielmehr eine unsterbliche Schönheit, die dem Äußeren der Personen verliehen wird, und aus dieser Sicht sollten sie auch verstanden werden. Charakteristisch für diesen Stil ist die Wiedergabe von Augen, Stirn und Nase. Die hohe Stirn und die Gestaltung der Schläfen drücken Ruhe und Verzückung aus, den Frieden und die Seligkeit des Dargestellten. Die mandelförmigen Augen, die unpersönlichen, feinen Lippen und die gradlinigen Nasen vermitteln dem Betrachter einen Anblick der himmlische Glückseligkeit derer, die sich zu den ‚Dienern des wahren Gottes' berufen fühlen. Aus diesem Grunde waren die Figuren der Ikonen schon immer beispielhaft und richtungweisend für die Gläubigen der Kirche. Zusammenfassend läßt sich sagen, dass die Ikonenmalerei der kretischen und der makedonischen Schule beispielhaft für die geistige Haltung der orthodoxen Malerei ist.

Theophanis starb am 24. Februar des Jahres 1559.

Zwei weitere Kapellen des Klosters Agios Nikolaos Anapafsas sind St. Antonios und St. Johannes dem Täufer geweiht.

ΜΕΤΑΝΟ
ΕΙΤΕ ΗΓΓ
ΚΕ ΓΑΡ Η
ΒΑΣΙΛΕΙ
Α ΤΩΝ Ȣ
ΡΑΝΩΝ

ΜΡ
ΘΥ
ΙC
ΧC

Wenn man den steinernen Wald von
Meteora erreicht, überkommt einen ınwillkürlich das Gefühl des Übermächtigen ınd der Schönheit. An der Schönheit sollte man sich erfreuen, und das Übermächtige sollte man bewundern. Der Gedanke an das Übermächtige manifestiert sich selbst ıls ein Sturzbach der Gefühle, die einen Durchbruch suchen, während der Sinn für die Schönheit durch die gelöste Balance der kämpfenden Mächte ausgedrückt wird. Die Schönheit ist in Proportionen ausgedrückt, da sowohl ihr Gehalt als auch ihre Form in vollständiger Harmonie vereint sind. Zusätzlich überkommt den Betrachter ein Gefühl von olympischer Ruhe. Das Übermächtige wird noch vertieft durch die Massen der turmhohen Felsen, deren Einmaligkeit und versteckte Kräfte Verwunderung und Andacht hervorrufen. Die unvergleichliche Stärke, durch ihren Frieden an die Oberfläche gebracht, sprechen Seele und Gefühle an, während ihre Schönheit den Intellekt und den Geist vereinnahmen.

Und so, solltest du jemals die Gelegenheit haben, hier Besucher oder Pilger zu sein, wirst auch du von dem Übermächtigen und der Schönheit gefangen werden. Während dich die aromatische Brise umweht, dringen kleine Weihrauchschwaden zu dir herüber und im Hintergrund der verhaltene Gesang der Mönche aus den umliegenden Klöstern. Du würdest am liebsten einen wehmütigen Seufzer ausstoßen, jedoch bleibt er unterdrückt in der Tiefe deiner Seele, so wie es immer geschieht, wenn man ungewöhnliche Lebenserfahrungen macht.

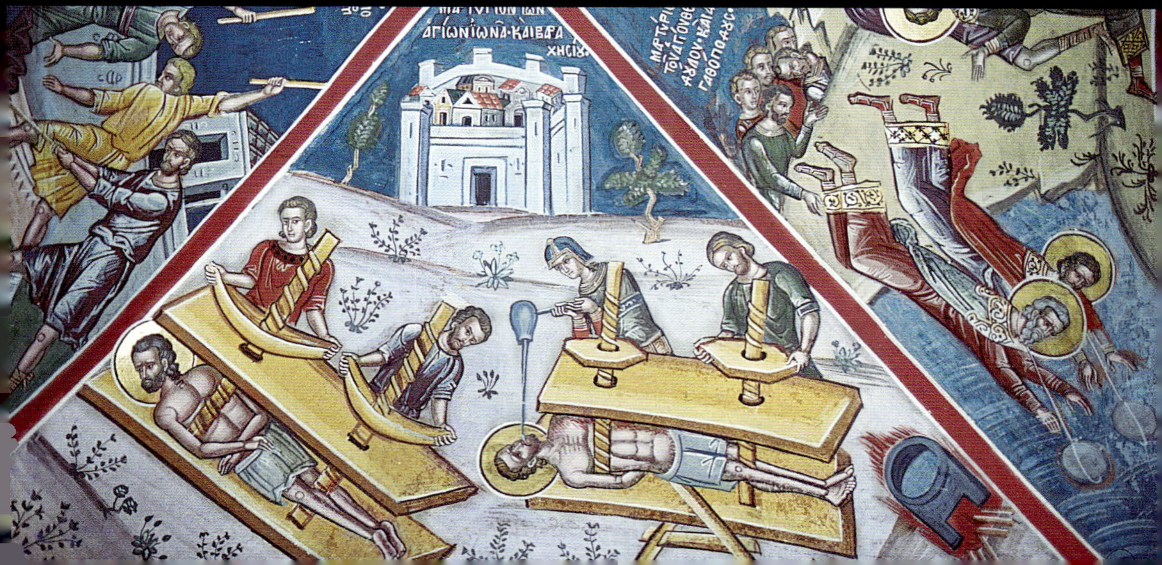

DIE UNBEWOHNTEN UND VERFALLENEN KLÖSTER VON METEORA

Abgesehen von den oben beschriebenen Klöstern, die um ihr Überleben kämpfen müssen, gleichzeitig aber der Gesellschaft dienen, gibt es noch eine Reihe von unbewohnten Klöstern in Meteora. Sie sind fast alle verfallen. Kenntnis von ihrer Existenz und der Zeit ihrer Blüte haben wir nur durch handgeschriebene Codices und durch die Ruinen, die sich an den verschiedenen Stellen des steinernen Waldes von Meteora befinden. Auch weisen verschiedene Stiche und Kunstwerke vergangener Zeiten auf ihre ehemalige Existenz hin. Es sind folgende Klöster:

Das Kloster Agios Georgios Mandilas

Um das heute verfallene Kloster Agios Georgios Mandilas zu erreichen, muss der Besucher eine schwierige Kletterpartie zu einer Höhle unternehmen, die nordöstlich von Kastraki auf einem steilen Felsen gelegen ist. Am Eingang dieser Höhle befinden sich geweihte Tücher (‚mandilia'), die im Zusammenhang mit einem alten Brauchtum der Bewohner von Kastraki stehen. Der Grundstein zu diesem Kloster wurde im 14. Jahrhundert gelegt. Es ist möglicherweise eines der vier Klöster, das vom Prior der Skite von Stagi, Meister Nilos, im Jahre 1367 erbaut wurde. Bis in die Gegenwart überdauerte nur eine in den Felsen gehauene Kapelle. An ihrer Außenwand befindet sich die Ikone des Heiligen Georg.

Das Kloster Agios Nikolaos Batovas oder Kofinas

Die halbverfallene Kirche von Agios Nikolaos Batovas findet man in einer Höhle zwischen Kalambaka und dem Dorf Kastraki, an einem Ort genannt ‚Kofinia'. Um diese zu erreichen, muss der Besucher drei Höhlen passieren, die durch Holzleitern verbunden sind. Die dritte Leiter führt zu der Plattform des Klosters, wo sich auch eine Zisterne für Regenwasser, die Winde, um Mönche und Versorgungsgüter heraufzuziehen, und eine kleine, in einen Felsen gehauene Kapelle befinden. Das Kloster ist möglicherweise um 1400 gegründet worden. Im 16. Jahrhundert wurde es im ‚Syngramma Historikon' erwähnt, während im 17. Jahrhundert ein Verzeichnis, aufbewahrt im Megalo Meteoro, darauf hinweist (Codex No. 372). Auf der Schwelle der Kapelle befindet sich folgende Inschrift:

DIESES KLOSTER AGIOS NIKOLAOS BATOVAS WURDE DURCH DIE HILFE VON MÖNCH IGNATIOS RESTAURIERT, WELCHER IM KLOSTER AGIOS STEPHANOS DIENTE UND SPÄTER HIERHER KAM, 1876.

Während des Krieges wurde die Kapelle 1943 durch einen Bombentreffer fast völlig zerstört.

Das Kloster Agion Pnevma (Heiliger Geist)

Der Anstieg zum Kloster Agion Pnevma (Heiliger Geist) ist für den Besucher etwas schwierig, da die Felsen, auf dem es erbaut wurde, über 300 Meter hoch sind. Ein schmaler Weg, tief in den Felsen eingehauen, führt zur Kapelle, die bis heute erhalten ist. Alle Ikonen sind jedoch zerstört. Die Altarschranken, der Altar und der Schrein sind aus dem Fels gemeißelt und am Eingang rechterhand steht ein steinerner Sarkophag, in dem sich das Grab des Abtes befindet. Links von der Kirche gibt es zwei Zisternen, die im Winter das Regenwasser speichern. Hier und dort sind einige verfallene Zellen und einige wenige wilde Bäume verstreut. Auf dem Gipfel des Felsens befindet sich ein Eisenkreuz, von dem berichtet wird, dass es eine Trophäe ist, die von Stephen Dousanias dort aufgestellt wurde.

Das Kloster Ypapanti

Der Besucher, der seine Augen über den heutigen steinernen Wald zum Kloster Ypapanti schweifen lässt, wird es verlassen und unbewohnt in einer Höhle zwischen den Felsen von Meteora finden. Es wurde 1367 vom Vorstand der Einsiedeleien und Abt von Doubiani erbaut. Heute ist nur noch die Kirche erhalten. Ihre Architektur ist einfach, ein einschiffiges Gebäude mit kreuzförmigem Grundriss. Die kurzschenkligen Seiten sind mit Nischen und zwei asymmetrischen, blinden Bögen versehen. In ihrem oberen Teil befinden sich Fenster, die Licht in die Kirche lassen. Die Wände sind mit Ikonen geschmückt. Die Malereien schöpfen aus dem großen Schatz geschichtlicher, theologischer und liturgischer Themen der orthodoxen Kirche. Die Darstellungen befinden sich auf einer Bildebene und die Figuren sind ohne einen einheitlichen Maßstab. Dies entsprach zu jener Zeit dem Stil der östlichen Volkskunst, die sich im 14. Jahrhundert entwickelte und neue Elemente aus der Kunst der Palaiologenzeit, d.h. maltechnische und architektonische Errungenschaften übernahm. Die Altarwand ist ohne Malereien, aber von wunderschöner Holzschnitzarbeit. Nahe bei der Altarwand befindet sich eine lebensgrosse Darstellung Jesu Christi. Mit seiner rechten Hand erteilt er den Segen, und in seiner Linken hält er das Evangelium. Es ist die Darstellung der Himmelfahrt Christi, welcher die Kirche geweiht ist, worauf auch die Inschrift am Eingang der Kirche hinweist:

DIESE HEILIGE UND EHRWÜRDIGE KIRCHE DER HIMMELFAHRT UNSERES HERREN UND RETTERS JESU CHRISTI WURDE ERBAUT UND AUSGESCHMÜCKT MIT HILFE UND AUF KOSTEN DES HÖCHST EHRENWERTEN MEISTERS NILOS, VORSTEHER DER EINSIEDELEI VON STAGI UND ABT DES EHRWÜRDIGEN KLOSTERS VON DOUBIANI UNTER DER HERRSCHAFT UNSERES ANGEBETETEN KÖNIGS, MEISTER SYMEON PALAIOLOGOS OURESIS, KAISER DER RÖMER IN SERBIEN UND RUMÄNIEN, SEINE HOCHWÜRDEN VESSAROS, DERZEITIGER BISCHOF, IM JAHRE 6875.

Aus der Inschrift geht hervor, dass die Kirche 1367 erbaut wurde, also 6875 Jahre nach der Erschaffung der Welt. Am Ende der Inschrift wird bestätigt, dass sie 1765 durch einen Vlachavas restauriert wurde, wobei es sich um den bekannten Feldherrn Athanasios Vlachavas handelte.

Das Kloster Paläopanagia

Dieses Kloster liegt zwischen den Dörfern Vlachava und Asproklisia, in der Gegend von Chasia nahe am lonas (Mikani), einem Nebenfluss des Pinios. Der einzige Überrest ist eine mit Ikonen geschmückte Kapelle, deren Gewölbe aus dem Felsen herausgearbeitet sind. Man glaubt, dass es sich um dieses Kloster handelt, auf das sich ein Erlass des serbischen Zaren Dousan 1358 und seines Bruders Symeon 1362 bezieht, als die Rede ist von einer ‚Höhle, benannt nach Kyril an dem Ort Mykani ...‘ Auch weist ein Brief des Bischofs von Larissa, Neophytos, im Jahre 1541 darauf hin, sowie ein Verzeichnis im Kloster des Megalo Meteoro.

Kloster Varlaam

Das Kloster Agia Triada

Die Meteora-Felsen und das Kloster Rousanou

Das Kloster Agia Triada

Das Megalo Meteoron und das Kloster Varlaam

Das Kloster Agios Nikolaos Anapafsas

Das Kloster Rousanou

Kloster Rousanou

Das Kloster Varlaam

Jüngstes Gericht (Varlaam Kloster)

Heiligenmartyrien (Kloster Metamorfosis)

Agios Varlaam und Agios Ioasaph (Kloster Varlaam)

ΝΕΙ ΛΟΣ
ΑΡΣΕ ΝΙΟΣ
Ο ΜΕ ΓΑΣ
ΙΛΑ ΡΙ

Die Eremiten Agios Nilos, Agios Arsenios und Agios Ilarion

oster Metamorfosis: Die Taufe (14. Jh.)

Die Hl. Bischöfe beim Gottesdienst (16 Jh. Kloster Metamorfosis)

Agios Vasilios und Agios Athanasios Alexandrinos (Kloster Metamorfosis)

Die Einsiedelei von Doubiani

Die Einsiedelei von Doubiani befand sich nordwestlich des heutigen Dorfes Kastraki, dort, wo sich heute eine einfache und unauffällige Kapelle der Gottesmutter befindet. Die Asketen der Einsiedelei von Stagi lebten in verschiedenen Höhlen der umliegenden Felsen, wo sie in winzigen Kapellen - genannt ‚prosefchadia' - ihre Gebete verrichteten. Jeden Sonntag jedoch kamen sie herunter zur Hauptkirche, der ‚Kyriakon', wo sie die Messe zelebrierten. Die Kirche war nach Aussagen von schriftlichen Dokumenten den Erzengeln Michael und Gabriel geweiht. Die Kirche befindet sich ebenso wie einige der Wandgemälde noch heute in gutem Zustand. Eine Inschrift, die in einer Chronik des 16. Jahrhunderts erhalten ist, bezieht sich auf den Bau und die Ausschmückung von vier Kirchen durch den Prior der Einsiedelei von Stagi und Abt von Doubiani Meister Nilos. Sie lautet:

ERRICHTET UND AUSGE-SCHMÜCKT MIT HILFE UND AUF KOSTEN DES HOCHERWÜRDIGEN MONCHS MEISTER NILOS, ABT DES EHRWÜRDIGEN UND HEILIGEN KLOSTERS DER ALLERHEILIGEN MUTTER GOTTES VON DOUBIANI UND PRIOR DER EINSIEDELEI VON STAGI, WÄHREND DER ZEIT UNSERES HOCHVEREHRTEN UND DURCHLAUCHTEN HERREN SYMEON PALAIOLOGOS OURESIS, MEISTER BESSARION VON STAGI, GELIEBT VON GOTT, DERZEITIGER BISCHOF VON TRIKKI, IM JAHRE 1367

Das Kloster Agii Apostoli

Das Kloster Agii Apostoli (Heilige Apostel) steht auf einem Felsen über dem heutigen Ort Kalambaka. Gemeißelte Stufen, Zisternen und Überreste von Wandgemälden können noch heute besichtigt werden. Auf das Kloster wird in einem Brief des Bischofs von Larissa Neophytos im Jahre 1551 und in einem Verzeichnis aus dem Jahre 1650 hingewiesen, das heute im Kloster Megalo Meteoro aufbewahrt wird. Darin wird der Name ‚Heilige Apostel oder Kallistou' erwähnt. Möglicherweise hieß der Gründer des Klosters Kallistos, ein Name, der auch auf dem Einband eines Evangeliums aus dem Jahre 1547 eingraviert ist.

Die Klöster Agios Grigorios und Agios Antonios

Halb verfallene Geländer und Teile von hängenden Holzleitern sind die einzigen Überreste des Klosters Agios Grigorios auf dem Gipfel des steilen Felsens. Östlich der Ruinen dieses Klosters befand sich das Kloster Agios Antonios. Von diesem ist heute nur noch die Kirche erhalten. Beide Klöster stammen aus dem 14. Jahrhundert.

Das Kloster Pantokrator

Eine Turmruine und Teile verfallener Wände sind Zeugen von der Existenz des Kloster Pantokrator auf dem nördlichen Teil des Doubiani-Felsens. Vorsteher des Klosters war der Mönch Neophytos, dessen Testament, in beschädigtem und unvollständigem Zustand, im Archiv des Megalo Meteoro aufbewahrt wird. Aber auch von dem Mönch Serapion, Abt im Jahre 1426, glaubt man, dass er Vorsteher des Klosters war, wie wir dem ‚Syngramma Historikon' entnehmen können. Das Kloster wird erstmalig in einem Register aus dem Jahre 1650 erwähnt.

Das Kloster Ioannis Prodromos

Die Stätte des Klosters Ioannis Prodromos (Johannes der Täufer) befand sich in der Nähe des Klosters Agios Nikolaos Anapafsas auf einem sehr hohen Felsen, der noch heute die Ruinen beherbergt. Es war auf diesem Felsen, wo sich der verehrungswürdige Athanasios erstmals niederließ, und wo die Vorsteher von Varlaam, Theophanis und Nektarios, sieben ganze Jahre verbrachten, bevor sie ihr Kloster errichteten. Das Kloster ist uns aus Handschriften und Berichten bekannt, die an den Voivoid loannis Vassilios, Prinz der Moldauwalachei, in den Jahren 1634 -53 gesandt wurden.

Agia Moni

Das Kloster Agia Moni lag unterhalb des Felsens, auf dem die Klöster Varlaam und Megalo Meteoro errichtet wurden. Es war der Gottesmutter geweiht. Wir besitzen Kenntnis von diesem Kloster durch Handschriften und Bullen des ökumenischen Patriarchen Timotheos aus dem Jahre 1614. Daraus geht unter anderem hervor, dass zwanzig Mönche und Priester, die namentlich erwähnt sind, verantwortlich waren für die Grundsteinlegung und den Bau des kleinen Klosters. Es wurde an einem Ort, ‚Sterna' genannt, errichtet und der Gottesmutter geweiht. Die Erbauer ersuchten den Patriarchen, dieses Kloster zum ‚Stavropegion' zu erklären.

Das Kloster Ipsilotera oder der Kalligraphen

Der Mönch Nilos, der ein hervorragender und sorgfältiger Kalligraph war, schrieb im Jahre 1407 die Geschichte seines Klosters, des Klosters Ipsilotera, nieder und gibt uns genaue Auskünfte über dessen Gründung. Es wurde das Kloster der Kalligraphen genannt, da sich hier eine Werkstatt für Schönschrift und Vervielfaltigung befand, in dem Manuskripte geschrieben wurden. Einige davon sind noch heute erhalten. Der Gründer des Klosters war Paschalis aus Kalambaka, der es im Jahre 1347 erbaute. Unter seinen bedeutenden Nachfolgern befanden sich die Priestermönche Makarios, Neophytos, Dorotheos, Barnabas usw. Die verfallenen Überreste können auf dem mächtigen Felsen, südöstlich des Klosters Megalo Meteoro, besichtigt werden.

Das Kloster Agios Modestos

Das Kloster Agios Modestos befand sich auf einem sehr hohen Felsen gegenüber dem Kloster Agia Triada. Es ist bekannt durch einen Brief aus dem 12. Jahrhundert, eine Erwähnung in dem ‚Register' aus dem Jahre 1650 und eine Bulle des Patriarchen Timotheos aus dem Jahre 1614. Heute ist es völlig verfallen.

Das Kloster Proskiniseos tis aliseos tou Agiou Petrou

Das Kloster, erbaut auf einem riesigen Felsen über Kalambaka, genannt ‚Altsos', ist bekannt unter dem Namen „Alisos". Das mögliche Datum seiner Errichtung ist 1400. Im ‚Register' aus dem Jahre 1650 wird es als dreizehntes unter den Klöstern von Meteora geführt.

Das Kloster Agios Dimitrios

Heutzutage ist es für den Besucher schwierig, zum Kloster Agios Dimitrios hinaufzusteigen, das sich auf dem gleichen Felsen wie das Kloster Ypapanti befindet, und zwar östlich davon. Es ist nachgewiesen, dass es eines der vier ältesten Klöster von Meteora war, erbaut von dem Prior der Einsiedelei von Stagi, Meister Nilos, im Jahre 1367. Es wird in einem Bericht über Klöster an den Voivoid der Moldauwalachei, loannis Vassilios (1634-1653), erwähnt. Der Bischof von Stagi und die Mönche des Klosters Varlaam, die dieses Klosters unter ihrer Obhut hatten, traten es 1788 an das Kloster Ypapanti ab. Damit verband man die Auflage, weitere Mönchszellen zu errichten. Im Jahre 1809 wurde hier der Oberbefehlshaber Papathymios Vlachavas, der sich hier sein Hauptquartier eingerichtet hatte, von Ali Pascha verhaftet und das Kloster völlig zerstört.

Die Kirche Kimisis Theotokou in Kalambaka.

KALAMBAKA

Geschichte

Kalambaka liegt 21 Kilometer von Trikala und fünf Kilometer von den Meteora-Klöstern entfernt. Es befindet sich auf der linken Uferseite des Flusses Pinios, an den südlichen Ausläufern der Felsen von Meteora, etwa 240 Meter über dem Meeresspiegel.

Nahe Kalambaka lag, nach Aussagen von Experten, die alte Stadt Aiginion, was durch Strabo bestätigt wird. Er berichtet auch, dass es die Stadt der Tymphäaner war und an Aithikia und Trikki angrenzte. Es lag direkt am Zusammenfluss des lonas und des Pinios. Nach der berühmten Schlacht von Pydna lehnte Aiginion es ab, sich dem römischen Konsul Paulus Aemilius zu ergeben. Aus diesem Grunde besetzten und plünderten die Römer anschließend die Stadt (Livius 32, 15). Weihreliefs, Inschriften und Architekturteile, die von Zeit zu Zeit ausgegraben wurden und aus jener Zeit stammen, wurden beim Bau von Kirchen und anderen Gebäuden des modernen Kalambaka verwendet.

Seit dem Ende des 10. Jahrhunderts ist Kalambaka unter dem Namen Stagi bekannt. Es war auch der Sitz des Bischofs. Nach 1204 wurde Stagi in den Herrschaftsbereich von Michael Komninos von Epirus eingegliedert. Gegen Ende des 13. Jahrhunderts wurde es Eigentum des Herzogs von Neu-Patras (Hypati), während es 1304 von den fränkischen Baronen übernommen wurde.

Holzgeschnitzte Tür der Kirche Kimisis Theotokou in Kalamba

Im Jahre 1334 kam Stagi erneut in den Machtbereich des Herrschers von Epirus Ioannis II. Etwas später wurde es ein Teil des Territoriums des Kaisers von Byzanz Andronikos Palaiologos und 1348 fiel es unter die Herrschaft des großen Grals der Serben Stephen Dousan. Im Jahre 1356 wurde der größte Teil Thessaliens Eigentum von Symeon Palaiologos Ouresis, welcher der Stiefbruder von Stephen Dousan war. Stagi fiel in das von ihm beherrschte Gebiet.

Bekannt als Kalambaka wurde es erst seit der Türkenherrschaft, als es vom Pascha von Larissa verwaltet wurde. Im 18. Jahrhundert erhielt es eine eigene Schule und nahm lebhaften Anteil am Aufstand von Thessalien im Jahre 1854. In der Schlacht zwischen Griechen und Türken verloren die letzteren über 500 Mann und wertvolles militärisches Material. Im Laufe der Jahrhunderte bestand ein bemerkenswerter und ununterbrochener Kontakt zwischen Kalambaka und den Meteora-Klästern auf nationaler, geistiger und künstlerischer Ebene.

Die Kirche Kimisis Theotokou

Die Kimisis Theotokou ist ein berühmtes Denkmal der byzantinischen Kunst. Sie wurde in der ersten Hälfte des 12. Jahrhunderts von Kaiser Manuel Komninos (1143-1180) erbaut, wie aus den kaiserlichen und patriarchalischen Erlässen ersichtlich ist. Sie wurden kopiert und im äußeren Vestibül der Kirche aufbewahrt werden. Es wird aber auch behauptet, dass sie ein Werk aus dem 7. Jahrhundert ist, weil sich die Kanzel in der Mitte des Kirchenschiffes befindet. Wieder andere Meinungen besagen, dass sie ein Werk des 11. Jahrhunderts sei, auf Grund von Vergleichen mit der Architektur von Kirchen in Kastoria und Serres aus dieser Zeit. Am besten begründet scheint jedoch die Ansicht, dass die Kirche in die erste Hälfte des 12. Jahrhunderts gehört, wie aus einer Bulle des Patriarchen Antonios hervorgeht, die sich im äußeren Vestibül der Kirche befindet. Die Kirche ist eine Basilika mit Seitenschiff, ohne Gewölbe, deren Dach an beiden Seiten über das Kirchenschiff herausragt. Die Dächer der beiden flankierenden Seitenschiffe liegen bedeutend niedriger. Die Kirche hat eine Länge von 30 Metern und eine Breite von 13 Metern und teilt sich in Vorhalle, Vestibül, Hauptkirche und Sakristei auf.

Die Kanzel

Direkt vor der mittleren Tür der Altarwand befindet sich in Richtung des Mittelgangs der Kirche die marmorne Kanzel, eine Steinmetzarbeit aus frühchristlicher Zeit. Sie kann über fünf Stufen von beiden Seiten bestiegen werden. Der obere Teil der rechtwinkligen Kanzel wird von vier Säulen getragen, die auf schrägen marmornen Trägern ruhen. Diese Träger wiederum werden von vier kleinen Zylindern gestützt, die in einer mit gemeißelten Kreuzen geschmückten Brüstung verankert sind. Die Kreuze auf den kleinen Marmorzylindern sind von

Ambo. Rekonstruktion (A. Orlandos)

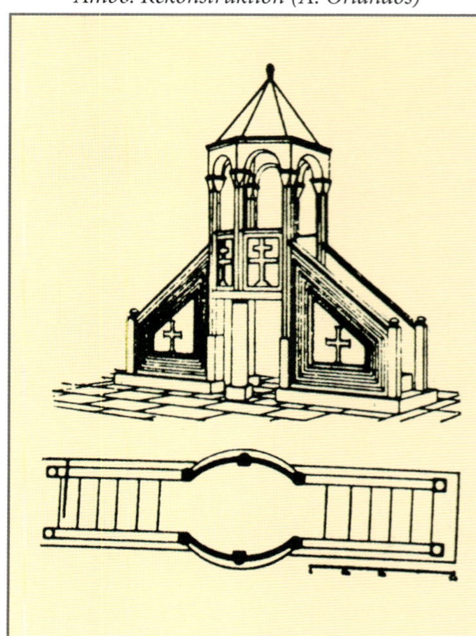

Kreisen umgeben, wogegen die Kreuze der Brüstung von Girlanden umgeben sind. Verschiedene Malereien, die mit Sicherheit aus der Zeit nach 1669 stammen, sind oberhalb der Brüstung sichtbar. An der Westseite befindet sich folgende Inschrift, die sich auf die Reparatur der Kanzel bezieht:
DIESE KANZEL UNSERER ALLERHEILIGSTEN GOTTESMUTTER UND EWIGEN JUNGFRAU MARIA WURDE MIT HILFE UND AUF KOSTEN DES BISCHOFS VON STAGI, MEISTER DANIEL, INNIG GELIEBT VON GOTT, AUSGESCHMÜCKT... DIE AUSFÜHRUNG OBLAG DEN HÄNDEN DES MEISTERS NIKOLAS IOANNIKIOS UND SEINEN KINDERN, IM JAHRE 1669.

Der Altarbaldachin und das Synthronon

Besonders bemerkenswert in dieser Kirche sind der marmorne Altarbaldachin und der Bischofssitz, die sich im Allerheiligsten befinden. Der Altarbaldachin (aus der Zeit vor dem 11. Jahrhundert) wird von vier Säulen getragen. Die Bögen sind mit Kreuzen und Kreisen dekoriert. Die Kapitelle der kleinen Säulen sind mit Weinblättern geschmückt, d.h. je zwei auf einer Seite. In den Winkeln befinden sich stilisierte Trauben, die Tannenzapfen gleichen. Der Bischofssitz befindet sich östlich des Altars. Vier halbkreisförmige Stufen führen zum Bischofssitz hinauf, wo der Bischof saß, wenn er nicht predigte oder amtierte. Unter dem Bischofssitz befindet sich eine riesige Krypta, in der die liturgischen Geräte aufbewahrt werden und wo sich die Christen in Zeiten der Verfolgung versteckten.

Die Altarwand der Kirche stammt aus dem 17. Jahrhundert. Sie ist vergoldet, und anstatt von Säulen wird sie von Trägern gestützt, die mit doppelten Dekorationen versehen sind, z. B. mit flachen Reliefs und einfachen Spiralen.

Bischofssitz im Allerheiligsten

Die Wandgemälde

Die Kirche ist mit Malereien geschmückt, die geschichtliche, theologische und liturgische Themen darstellen. Einige der Wandmalereien gehören ins 13. oder 14. Jahrhundert, während der Rest aus dem 16. Jahrhundert stammt, wie eine Inschrift über der Außentür des Vestibüls berichtet. Die Sakristei befand sich auf der Ostseite des Diakonats. An der rechten Seite des Eingangs zur Sakristei befindet sich ein in die Wand eingelassener Sarkophag. Regeln für das christliche Verhalten sind in die östliche Außenwand eingemeißelt, wo sich auch Relieffragmente aus klassischer und römischer Zeit befinden. 25 cm unter dem gegenwärtigen Fußboden des Allerheiligsten wurde kürzlich ein Teil eines Mosaikbodens gefunden, dessen Maße 1,80 x 5,65 Meter betragen und Darstellungen von Pfauenvögeln, Zweigen und Granatäpfeln zeigt.

Die Kirche Ioannis Prodromos
Diese Kirche befindet sich in der Nähe des Marktplatzes von Kalambaka und wurde 1336 gebaut.

Kalambaka und Meteora. Zeichnung von B. Barskij, 1745.

Η ΖΩΟΔΟΧΟΣ
ΠΗΓΗ

KASTRAKI

Zwei Kilometer nordwestlich von Kalambaka in den westlichen Ausläufern der Felsen von Meteora und 270 Meter über dem Meeresspiegel liegt Kastraki. Ein attraktives Dorf, dessen Häuser sich unterhalb des wuchtigen Massivs von Meteora in Form eines Amphitheaters zusammendrängen. Seine ersten Bewohner, so geht die Legende, waren Epiroten, die aus den nördlichen Teilen von Epirus stammten und vor den Belästigungen durch Ali Pascha geflüchtet waren. Von Kalambaka aus gingen sie nordwärts, wo sie auf die Ruinen der Burg stießen und die Weiler Rouxiori, Agia Paraskevi, Rigilavo und Triskiano gründeten. Etwas später, etwa zu Beginn des 19. Jahrhunderts, wurden diese Weiler zu dem Dorf von Kastraki zusammengeschlossen. Der Name stammt ohne Zweifel von der byzantinischen Burg her (‚kastro'), welche sich hier befand und deren Überreste noch heute zu besichtigen sind. Die Burg wurde 1362 von dem byzantinischen Kaiser Andronikos Palaiologos erbaut. Hier hatte der Verwalter des Bezirkes sein Hauptquartier.

Heute hat Kastraki 1261 Einwohner und ist stolz auf seine Geschichte, fest in seinem Brauchtum und sich seiner Schönheit bewusst. Die fröhlichen und lächelnden Einwohner sind nur zu gern dazu bereit, den Besuchern ihre Gastfreundschaft zu beweisen, was ihnen nicht allzu schwer fällt, denn ihr Land ist sehr ertragreich.

BIBLIOGRAPHIE

ADAMANTIOU A., Protokolle der Archäologischen Gesellschaft. Athen 1909.
ARVANITOPOULOS A., Thessalische Monumente. Athen 1909.
BARSONKOYN., Zimjitrudy B. G. Batkago (Leben und Werke von B.G. Barskij) St. Petersburg 1885.
CHRYSOCHOIDIS C., Skizzen aus dem Nachlass von Basil Grigorovich Barskij. Ausgabe von 1885-1887.
TOPOS KAI EIKONA. Kupferstiche ausländischer Reisender in Griechenland, 18. Jahrhundert. Verlag OLKOS. Athen. 1979.
DIONYSIOS Metropolit von Trikki und Stagi, Meteora. Athen 1976.
DOUSMANIS V., Die Geschichte Thessaliens. Athen 1925.
GEORGIADES N., Thessalien, Volos 1894.
GRAVANIS Sophronios (Archimandrit), St. Nicholas Anapafsas. Athen.
KALOKYRIS K., Theophanis der Kreter. Lexikon für Religion und Ethik, Vol. 5. Athen 1965.
— Über die Herkunft der Byzantinischen Denkmäler in den malerischen Gegenden von Makedonien, Serbien und Bulgarien. Thessaloniki 1970.
KARAMANOS K., Kalambaka", Großes Griechisches Lexikon, Vol. 13, pp. 532 u.f.
KOKKINIS S., Die Museen. Athen.
— Die Klöster Griechenlands, Athen.
KOUROS A., Meteora. Athen 1965.
NIMAS T. (Redakteur), Inhaltsverzeichnis der Zeitschrift „Meteora". Herausgegeben von der Vereinigung für Kultur und Tourismus Trikala, 1978.
ORLANDOS A., Klösterliche Architektur. Athen 1917.
PAPADOPOULOS A. Westliches Thessalien - Meteora. verlegt bei Pechlivanidis, Athen.
PAPASOTIRIOU I., Meteora. Trikala 1964.
PAPASTERGIOU C., Die touristische Entwicklung der Präfektur Trikala. „Proinos Logos" Zeitung, Dienstag 2. Okt. 1979.
PIOBINOS P., Griechische Ikonenmaler bis 1821. Athen 1979.
PISTAS I. (klösterlicher Verwalter), Die Kirche der Dormition der Jungfrau in Kalabaka. Athen 1977.
PROVATAKIS T., Meteora (Illustrierter Führer) Athen 1978.
— Sechzig kretische Ikonenmaler der spätbyzantinischen Periode. Thessaloniki 1977.
(Neuauflage). PROVATAKIS Thomas. Orthodoxe Kunst und Tradition. Thessaloniki 1972.
RAMMIDIS P. (Abt) Meteora. Athen 1882.
SCOUVARAS V., Führer für Thessalien (Archäologie und Tourismus). Volos 1958.
— Meteora, Volos 1951.
SISILIANOS D., Griechische Ikonenmaler nach dem Fall Konstantinopels. Athen 1935.
SOTIRIOU G., Byzantinische Monumente Thessaliens des 13. und 14. Jahrhunderts. Jahrbuch der Gesellschaft für Byzantinische Studien, Vol. 11 (1932), Athen.
STOURNARAS N., Meteora. Athen.
THEOTEKNI (Nonne), Der Steinwald von Meteora. Athen 1975.
— Das Martyrologium von St. Charalambos. Athen 1975.
— Auf dem Felsen der engelhaften Stadt. Athen 1977.
— Meteora: Geschichte, Kunst, Klösterliches Leben. Athen 1980.
VEIS N., Beitrag zur Geschichte der Klöster von Meteora, „Vyzantis" Vol. A (1909), pp. 208 u.f. (1911) pp. l u.f.
— Byzantinisch Neugriechische Jahrbücher, Vol. C (1922), pp. 364 u.f.
— Manuskripte von Meteora (Veröffentlichung der Akademie Athen), Athen 1967.
— Christophoros Varlamitis und sein Kurzbericht, Epirotisches Jahrbuch Vol. A (1926) pp. 63 u.f. VI-KINIOS T., Kalambaka, „Panthessalisches Album" Volos (1927), pp. 39. Die Klöster von Meteora. pp. 96-99, Das Kloster der Umgestaltung, pp. 128-133.
Das Kloster Agios Stephanos pp. 228-234. Das Kloster Agia Triada, pp. 374-376.
VOYIATZIDIS I., Meteora, "Athina" Zeitschrift Vol. 24 (1912), pp. 346 u.f., Jahrbuch der Gesellschaft für Byzantinische Studien, Vol. A (1924), pp. 139 u.f., Vol. B. (1925), pp. 149 u.f.
ZOSIMAS ESPHIGMENITIS (Mönch), Meteora. „Phimi" Zeitschrift. Volos 1878.